Aprenda los Hábitos de las Personas Altamente Efectivas y Cómo Aumentar la Autodisciplina

¡Impulse su Desarrollo Personal Mediante la Acumulación de Hábitos, Deje de Postergar, Sea Más disciplinado y Mejore su Enfoque Hoy!

Por Marcos Romero

Índice

Índice
Introducción
Capítulo 1 - Hábitos

    La Importancia de los Hábitos
    Hábitos de la Piedra Angular
    Comprensión de los Hábitos de las Personas
    Hábitos en el Mundo Académico
    Hábitos Autoritarios
    Aplicaciones con los Pies en la Tierra
    Cómo Funcionan los Hábitos
    ¿Cómo Funcionan los Hábitos?
    Qué Gusto. (La Recompensa).
    Mejorar los Hábitos
    Útil para Negocios
    Perturbación de los Hábitos
    Identifique los Buenos Hábitos
    Pasos Básicos para Desarrollar Buenos Hábitos

1. Utilice la Percepción y las Afirmaciones.
2. Decídase por la Elección, y Luego la Responsabilidad de Cambiar.
3. Inscríbase con el Apoyo de Familiares y Compañeros.
4. Identifique el Hábito.
5. Encuentre Enfoques Sólidos para Retribuirse.
6. Diseñe un Arreglo.
7. Encuentre sus Detonantes y Disuasorios.

    Identifique los Malos Hábitos
    Identifique los Detonantes
    Construya un Arreglo de Sustitución
    Controle los Detonantes
    Cambie el Hábito Más Grande
    Obtener Soportes

Apoyese y Premiese a sí Mismo
Use Indicaciones
Sea Tenaz y Tolerante
Considere la Posibilidad de Obtener Asistencia Competente

Capítulo 2 - Hábitos de Personas Altamente Efectivas

Potenciar a las Personas
Ayúdelos a Revelar su Zona de Genialidad.
Dele a su Grupo la libertad para que Hagan todo por su Cuenta.
Sea un Proveedor.
Acercarles Cuál es su Visión para su Vocación o Empleo.
Previsión y Enfoque
Construya Relaciones Fuertes
Fe y Compromiso
Amor y Romance
Analize su Nivel de Pasión

¿Cuál es la Cantidad de Sexo que Tiene?
El Matrimonio sin Sexo
Una Receta para una Mejor Vida Sexual
Busque Dos Pedazos de Papel y Dos Bolígrafos.
Permanecer Fiel
Asegure su Relación

Capítulo 3 - Acumulación de Hábitos

¿Qué es el Acumulación de Hábitos?
Cómo Aplicar el Acumulación de Hábitos a su Vida

Desarrolle el Hábito de Seguir la Rutina
Caso de una Rutina de Acumulación de Hábitos Productiva
Gestión de Inconvenientes y Desafíos Durante el Acumulación de Hábitos
Beneficios del Acumulación de Hábitos
¿Qué es el Acumulación de Hábitos?

Cómo Funciona el Acumulación de Hábitos

Su Acumulación de Hábitos en Efecto
Consejos para el Éxito en el Acumulación de Hábitos
Enfoque para Apilar Hábitos en la Mañana

Capítulo 4 – Autodisciplina

¿Qué es la Autodisciplina?
Una Explicación sobre la Autodisciplina
Los Motivos de la Falta de Autodisciplina
¿Qué es el Auto-control?
Beneficios de la Autodisciplina

Beneficios e Importancia del Auto-control
Cómo la Autodisciplina Puede Mejorar su Vida

¿Qué es el Auto-control?
El Método Más Efectivo para Desarrollar la Autodisciplina
Los Beneficios
Fundamentos de la Autodisciplina

Compromiso
Optimización
Punto de Ruptura en el Consumo de Fuentes con Cafeína
Aspire su Camino para Convertirse en un Superhumano
Reflexione Sobre su Camino Hacia la Auto-optimización
Las Emociones
Continúe Practicando sus Habilidades de Regulación Emocional
Ejercicios para Mejorar su Autodisciplina

1. Duchese Cada Mañana
2. Reflexione Durante 10 Minutos cada Día
3. Comience su Día con 100 Flexiones o una carrera de 1 milla
4. Prepare su Cama
5. Prescinda de las Distracciones
6. Deje de Quejarse

Autocontrol y Fuerza de Voluntad – Su Fuerza Interior

Desarrollar Fuerza de Voluntad y Autodisciplina

Conclusión

Introducción

Felicitaciones por la compra de *Aprenda los Hábitos de las Personas Altamente Efectivas y Cómo Aumentar la Autodisciplina* y gracias por hacerlo.

Los siguientes capítulos tratarán sobre los hábitos de las personas altamente exitosas y cómo puede adaptarlos para tener éxito usted mismo.

Hay muchos libros sobre este tema en el mercado, ¡gracias de nuevo por elegir este! Se ha hecho todo lo posible para asegurar que esté lleno de tanta información útil como sea posible, ¡por favor disfrútelo!

Capítulo 1 - Hábitos

La Importancia de los Hábitos

Los hábitos son la base de su prosperidad, o posiblemente de su ruina. Sin embargo, a pesar de la importancia de los hábitos, pocos individuos piensan en cómo funcionan.

Los hábitos son regularmente considerados como cosas malas, como tener un hábito de apuestas. Sin embargo, puede haber grandes hábitos, por ejemplo, practicar rutinariamente, hacer comentarios comprensibles, considerar temas de investigación y cumplir con los plazos algún tiempo antes de las fechas de finalización.

Un hábito es algo que hacemos normalmente sin considerarlo intencionadamente. Es una acción mental y de comportamiento programado. Los hábitos hacen que sea factible para nosotros hacer las cosas sin gastar demasiado esfuerzo mental. Hacen concebible una acción diaria regular, por razones positivas o negativas.

Numerosas personas intentan salir de los patrones de comportamiento negativos. Abstenerse de la ingesta excesiva de alimentos es el modelo más sobresaliente: es un esfuerzo para poner fin al hábito de comer en exceso o a las dietas inapropiadas. Numerosos fumadores y bebedores empedernidos podrían querer salir de sus hábitos, y hay mucha gente que podría querer apoyarlos.

En ese momento hay hábitos que bloquean sus propios logros personales. Los hábitos mentales también son importantes. Por ejemplo, concentrarse en las reflexiones agravantes es un hábito que puede provocar un nerviosismo constante.

En las últimas décadas, los especialistas se han vuelto progresivamente conscientes de la importancia de los hábitos, y hay un grupo de descubrimiento en desarrollo, bastante dispuesto para promover: las organizaciones podrían querer fortalecer o cambiar sus hábitos de compra.

Hábitos de la Piedra Angular

Para aquellos que buscan resultados de alto rendimiento, el trabajo diario es el hábito fundamental. Trabajar con un plan cada día anima la imaginación, centra los pensamientos sobre lo que debe ser examinado, fomenta la organización de la investigación, y mucho más. Hay esta

Comprensión de los Hábitos de las Personas

Al darse cuenta de que algunos hábitos son perjudiciales, los científicos han buscado la manera de evolucionar los hábitos. Lo que han encontrado es que los hábitos básicos nunca desaparecen. Si ha fumado, el deseo de fumar no puede ser completamente eliminado. Sin embargo, Lo que puede ocurrir es un cambio en el horario o el comportamiento diario. En el momento en que la señal común ocurre, se logra algo más, por ejemplo, morder un chicle.

AA (Alcohólicos Anónimos) ofrece una práctica diaria optativa. Los borrachos, en lugar de ir a un bar, van a una reunión de AA. Esto proporciona una rutina de sustitución, cumpliendo en consecuencia el anhelo. Sea como fuere, AA incluye un componente clave más en el procedimiento: la condena. Para cambiar los hábitos, las personas deben confiar en que es concebible. Los expertos de AA son incrédulos sobre la convocatoria profunda comprometida con las 12 etapas, pero la convicción es importante para la prosperidad de AA. Además, estar en una reunión de devotos simplifica la convicción.

Desarrollar otro hábito dependiente de breves momentos del día a día, y hacer el trabajo antes de estar preparado y cuando no se está impulsado, entra en conflicto con las convicciones profundamente situadas sobre cómo ser un científico eficaz. La investigación demuestra que el programa funciona, sin embargo, la información del examen puede no ser suficiente para conquistar los hábitat excavados. Una parte de los puntos clave para utilizar el programa es creer que funcionará – y por lo tanto hacer un esfuerzo para no replantear el procedimiento – y acudir a las reuniones para fortalecer la convicción. Para que un hábito sea cambiado, los individuos deben aceptar que el cambio es concebible. Además, regularmente esa convicción se elevará con la ayuda de una reunión.

Esto equivale a que un joven músico o un nadador juvenil ingrese a un programa de preparación. Debe aceptar que las actividades normales y la preparación se están poniendo manos a la obra, y confiar en el instructor o mentor. Más tarde, cuando los hábitos estén arraigados, un artista talentoso puede modificar la preparación.

Hábitos en el Mundo Académico

En las clases que instruimos, solo aquí y allá hablamos de hábitos. La concentración en muchas clases es la sustancia y las habilidades, y tal vez las mentalidades. Sea como fuere, imagine un escenario en el que los hábitos sean cada vez más significativos. Piense en lo que se requiere para convertirse en un músico notable. La investigación sobre la ejecución maestra demuestra que la clave es la "práctica consciente". Este es un tipo de trabajo para incluir un enfoque extraordinario en el recado mientras se esfuerza constantemente por mejorar, bajo la dirección de un instructor talentoso. A la larga, los hábitos de ensayar el violín tendrán más efecto que las cosas específicas aprendidas en cualquier ejercicio. Se espera que una gran cantidad de largos períodos de entrenamiento lo conviertan en un artista de clase mundial. Crear un hábito para la práctica diaria con un propósito es lo más significativo que se debe educar para el objetivo de la ejecución magistral.

Está rogando que se demuestre lo contrario, precisamente, qué hábitos son más beneficiosos para los suplentes de expresiones comunes. Tal vez sea componer, hablar, razonamiento básico o construir una personalidad inquisitiva. Eslija el objetivo que quiera – en base a que la mayoría de las clases hacen casi nada para cultivar un hábito progresivo. La mayoría de los estudiantes aprenden lo que necesitan: no desarrollan un hábito de aprendizaje. La mayoría de los estudiantes reducen las tareas justo cuando se acercan las fechas de la evaluación: no desarrollan buenos hábitos de investigación. La mayoría de los estudiantes hacen lo que es importante para lograr sus metas ideales: no descubren cómo estirarse lo más posible.

Este tipo de aprendizaje no le haría mucho bien a un músico. Significaría ensayar solo en partes designadas, ensayar apenas antes de una presentación y no tratar de manejar la mayoría de las piezas de prueba. Los hábitos típicos de aprendizaje y estudio de la mayoría de los estudiantes de las expresiones no son la razón para convertirse en un gran artista. Las aptitudes de adquisición en el aprendizaje y la práctica continua y decidida son, a largo plazo, inequívocamente más significativas que el contenido de aprendizaje, la conposición de documentos o la aprobación de exámenes.

El equivalente se aplica a aquellos de nosotros requeridos como educadores y especialistas. Invertimos indudablemente más energía instruyendo e indagando según los hábitos que obtuvimos años o décadas atrás que refinando o cambiando métodos inútiles para trabajar. Esto se parece a un mecanógrafo que persevera en un método de dos dedos establecido desde hace mucho tiempo, pero derrochador, en lugar de aprender otro.

El sistema de composición de alto rendimiento se trabaja para cambiar el hábito normal de la composición de exceso. Este hábito incluye posponer la composición hasta que haya un cuadrado de tiempo importante o una fecha de finalización próxima y luego pasar unas angustiosas largas horas en un recado hasta que finalice. La idea es suplantar el hábito de atiborrarse por uno diferente, componiendo de una forma breve cada día. La investigación demuestra que las sesiones normales de composición breves son inconfundiblemente progresivas - y que tiende a ser sorprendentemente difícil cambiar al nuevo hábito.

Las universidades asi como asociaciones se basan en ejemplos de comportamiento de recolección y metodología formal que pueden analizarse como hábitos. Es concebible cambiar los hábitos jerárquicos; sin embargo, esto está muy lejos de ser simple. Los premios potenciales son colosales.

Una aptitud que sería extremadamente significativa para las personas y las reuniones es tener la opción de analizar hábitos, elegir nuevos y atractivos y continuar cambiando a los nuevos.

Hábitos Autoritarios

A raíz de tratar los hábitos de las personas, vamos a las asociaciones. Existe un registro intrigante de cómo la cadena de tiendas Target acumula datos sobre los clientes para imaginar lo que probablemente van a necesitar comprar, y luego promocionarlo apropiadamente directamente a cada persona. Si su información anticipa que una cliente está esperando a su primer hijo, Target puede enviar promociones apropiadas para cada fase del embarazo. Sin embargo, algunas futuras madres son insultadas por una organización que conoce realidades claramente privadas sobre sus vidas, por lo que Target implanta con entusiasmo los anuncios significativos individuales entre otros aparentemente irregulares, de modo que el lanzamiento es por lo general individualizado. Sin embargo, cada unidad familiar en una carretera puede obtener diferentes promociones.

Sorprendentemente, la alta administración de Target estaba inquieta por descubrir los métodos de la organización. Esta información se obtiene de los trabajadores e incorporan, en sus notas, la reacción convencional de la organización.

Con respecto a la publicidad, las universidades son muy sensibles en comparación con Target y diferentes organizaciones que utilizan estrategias comparables. Imagine un avance universitario transmitido a través de una vida en línea que se ajuste discretamente a medida para los atributos estadísticos y las condiciones individuales de cada estudiante potencial. Eso, para el cerebro, no es un objetivo atractivo. Más en lo que respecta a los objetivos convencionales de las universidades serían la instrucción, la supervisión y el apoyo complementario versátil para estudiantes individuales. Algunas universidades dinámicas de EE. UU. Hacen esto, y cada estudiante prepara un contrato de aprendizaje con un consultor académico. Las universidades australianas están terriblemente burocratizadas para que algo como esto sea práctico.

Aplicaciones con los Pies en la Tierra

Numerosos lectores se preguntarán: "Entonces, ¿cómo cambiaría mis patrones de comportamiento negativo? ¿Cómo dejaría de atiborrarme y comenzaría a hacer ejercicio? ¿Cómo dejaría de atiborrarme y comenzaría a lidiar con mis significativas extensions a largo plazo?" El problema es que no hay un acuerdo de encantamiento. Obviamente no - de lo contrario todos lo pensaríamos desde ahora.

Tiene que hacer un examen práctico para descubrir cuáles son los signos de sus hábitos y qué actividades puede realizar para suplantar su comportamiento estándar. Supongamos que echa un vistazo a su correo electrónico antes que cualquier otra cosa y revisa las noticias de todo el mundo, lo cual termina retrasándolo dos o tres horas y descarrilando su libro. De hecho, ha retrasado la toma del libro desde hace un año. Debe analizar para encontrar el signo de su hábito de revisar el correo electrónico y probar con ejercicios de sustitución.

No es tan simple como parece. Cambiar los hábitos debería ser posible, sin embargo, es difícil, los fanáticos por la comida sana y los fumadores se lo harán saber.

Cómo Funcionan los Hábitos

¿Logró Realizar las metas de año nuevo este año? O, de nuevo, más significativamente, ¿descubrió cómo seguir con ellas? Posiblemente eligió comenzar a correr o comer mas. Algún tipo de cambio de estilo de vida moderadamente "menor".

Puede haber parecido ser muy directo en el papel. Algo que pensó que estaba dentro de su brújula. Además, es útil para su bienestar. ¿Lo más probable es que sea suficiente inspiración?

Sea como fuere, el problema es que no se trata solo de inspiración. Se trata de hábitos. Además, ese es un juego completamente diferente. Un hardware neuronal completamente diferente en el que necesitará entrar. Rehacer.

Además, este hardware de hábito neuronal que necesita modificar, situado en una parte de su cerebro llamada ganglios basales - está cableado para la automaticidad. Es su circuito piloto programado. El que se aproxima a su día a día sin que usted espere considerarlo. Algo que es extraordinariamente útil por un lado, ya que abre su tiempo de intuición para otras contemplaciones cada vez más importantes del día. En cualquier caso, inconcebiblemente decepcionante, una vez más debido a que hace que estos hábitos sean extremadamente difíciles de cambiar.

¿Cómo Funcionan los Hábitos?

Los investigadores han identificado un "ciclo de hábitos" que aclara cómo funcionan los hábitos. Hay tres componentes en el ciclo - Su mente ve una señal, posiblemente algo en su entorno, y esto desencadena una práctica diaria específica. Una actividad o comportamiento que hace. Participar en esta situación normal le brinda una experiencia placentera. Una recompensa para su cerebro.

Por ejemplo, quizás su curso matutino al trabajo lo lleve más allá de un bistró específico (el cartel).

Cada vez que ve el bistró, compra un espresso y una galleta (deliciosa aunque indeseable) (el horario diario programado).

Qué Gusto. (La Recompensa).

Repita a lo largo de los días, las próximas semanas y hola presto ya tiene un hábito. Un hábito que posiblemente sea difícil de romper. Una necesidad de galletas y espresso que comienza en el momento en que prevee su viaje al trabajo.

Además, son sus ganglios basales los que se dedican a conectar sus actividades con estos premios después de un tiempo. Asume el control de diferentes piezas de su cerebro que se asociaron con el procedimiento de liderazgo básico subyacente para proceder a comprar ese primer espresso y galleta.

Además, cuando se entrega a los ganglios basales, ese es el punto en el que ha dejado de convertirse en un tipo de actividad "simplemente por esta vez" y, más bien, está haciendo un curso para convertirse en un hábito en toda regla. Programado. Instalado en su cableado neuronal. Además, sucede sin una conferencia adecuada con diferentes áreas de su cerebro, por ejemplo, su corteza prefrontal, en cuanto a si esta es realmente la mejor estrategia.

Y esto hace que los hábitos sean difíciles de romper.

Mejorar los Hábitos

En cualquier caso, un truco con el intento de salir de un hábito desafortunado es en realidad no intentar dejar de hacerlo. Es para actualizarlo.

Si simplemente lo detiene, en ese momento está evitando que la mente obtenga la recompensa que necesita. Además, eso hace que los anhelos sean difíciles de ignorar. Haciéndole retroceder.

Mejorar el hábito es una metodología discreta. Menos sin ningún período de descano. Pasos más graduales.

Tomemos el caso anterior de arrebatar un expreso y una galleta (desafortunada) mientras va de camino al trabajo. Podría mejorar la puntualidad tomando un curso diferente al trabajo. Realice la práctica diaria tomando un poco de espresso antes de comenzar a trabajar, o cuando tenga la oportunidad de trabajar para no tomar uno (y la galleta correspondiente) mientras va de camino al trabajo. Cambie la recompensa, de modo que incorpore algo delicioso (aunque más ventajoso) para el desayuno de su área de trabajo para compensar la ausencia de la galleta en la mañana.

Su cuerpo y mente todavía están obteniendo lo que necesitan, sin embargo, de una manera que sea mejor para usted. Cumpla con las metas de Año Nuevo que todavía se mantienen. Lo que es más, ni siquiera necesitaba dejar de fingir nada.

Obviamente, algunos hábitos son más fáciles de romper que otros. Y lo que es más, cuando incluyen reacciones fisiológicas que se acercan al hábito (licor, nicotina, azúcar, cafeína), es probable que vaya a dar un paseo extremo. Manejar los efectos secundarios relacionados con la abstinencia. Ciertamente no es un cambio que pueda ocurrir de manera incidental.

Además, no existe una receta sobre hasta qué punto las personas necesitan cambiar un hábito. Algunos especialistas afirman que lleva 66 días dar forma a otro hábito. En cualquier caso, está cerca de casa. Además, se basa en el hábito que está intentando cambiar. Así que tómese el tiempo que necesite.

En cualquier caso, eso es suficiente sobre los hábitos cercanos al hogar. ¿No debería decirse algo sobre los hábitos de los compradores?

Útil para Negocios

A fin de cuentas, los hábitos hacen que los compradores no se sorprendan. Son conductores increíbles del comportamiento de repetición. Además, suceden a lo largo el día, de manera constante. No es exactamente una lectura minuciosa. Sea como fuere, lo mejor que se puede hacer es lo siguiente: la lectura del comportamiento.

Los hábitos significan que puede trabajar en los ejemplos de comportamiento de las personas. Prevea cómo actuarán más adelante. Además, planifique sus cosas de la misma manera.

Ajústelos al lugar, la hora y la mentalidad del cliente con el que intenta hablar. Ampliando la probabilidad de que se bloqueen. Compren. Regístrense.

Perturbación de los Hábitos

Sin embargo, si usted necesita lanzar otro artículo al mercado que pueda esperar que cambien un hábito en los clientes, también debe pensarlo con cautela.

Tomemos el caso de la presentación continua de lociones para la ducha, donde hay que saturarse en la ducha, en lugar de después de ella. Verdaderamente, es otro artículo que requiere un habitante diferente, sin embargo, también encaja con un hábito actual (ducharse) por lo que la forma y la rutina están en forma desde ahora. Además, la recompensa es posiblemente más digna de mención si se ahorra tiempo y esfuerzo.

Posteriormente, es un cambio de hábito generalmente simple para presentar. Problemático. Sin embargo, no es muy complicado.

Sin embargo, tenga cuidado. Independientemente de si descubre cómo hacer que las personas formen otro hábito, debe recordar que el anterior no se erradica. Todavía se está escabullendo de la vista. Confiando en que ese instante de deficiencia levantará su repugnante cabeza.

Otro envío de un contendiente que atrae a sus compradores.

O, por otro lado, un nuevo y delicioso sabor de galleta para probar.

Identifique los Buenos Hábitos

Nosotros, las personas, somos animales de hábitos, en este sentido, cultivar grandes hábitos debería ser básico - ¡verdad! Considerando todo, no generalmente. El problema es que nos sentimos verdaderamente felices de hacer las cosas de manera similar todos los días. Frecuentemente nos adherimos distraídamente a un horario diario sin pensar en el resultado o la viabilidad del mismo. ¿Por qué cambiar?

Trágicamente, la mayoría de nuestros hábitos no son sólidos o favorables. Si tenemos el hábito de regresar a casa después del trabajo todos los días y de tomar una bebida mixta para relajarnos en lugar de trotar en la cinta de correr para liberar presión, esto influirá de manera antagónica en nuestro bienestar.

O, de nuevo, si, mientras miramos la televisión por la noche, en general mordisqueamos papas fritas y bebemos refrescos en lugar de masticar verduras y probar zumos de productos orgánicos, finalmente conducirá al resultado de debilidad.

Si tenemos la costumbre de fumar para calmar la presión / inquietud, o comer en exceso, o eliminar nuestra insatisfacción con los demás, debemos percibirlos como hábitos que vale la pena cambiar o eliminar. Así que ¿por dónde empezamos?

Pasos Básicos para Desarrollar Buenos Hábitos

1. **Utilice la Percepción y las Afirmaciones.**

   La representación y las insistencias son increíbles para coordinar el nuevo hábito en su práctica diaria. Si bien la representación es un instrumento inspirador, energizante e innovador, las certificaciones programan lo subliminal con la perspectiva correcta para desarrollar otro hábito. Juntos, le permiten sentir y visualizarse completando los comportamientos correctos, haciendo más simple el recibir el nuevo hábito. Sin duda, el crecimiento de grandes hábitos es más simple cuando se utiliza la percepción y las confirmaciones.

2. **Decídase por la Elección, y Luego la Responsabilidad de Cambiar.**

   Obviamente, esto es más difícil de lo que uno podría esperar. Con qué frecuencia nos hemos dicho a nosotros mismos: "De hecho, debería practicar más y comer mejor. Para no estresarme, lo haré en algún momento u otro".

   Lamentablemente, el estancamiento solo hace que sea más difícil cambiar un patrón de comportamiento negativo. Cuanto más se posponga hacer un movimiento, particularmente en lo que respecta al bienestar, menos saludable será usted o la circunstancia. Una responsabilidad consciente es importante a la luz del hecho de que eso es lo que hace que las ruedas del movimiento se muevan en la vida real.

3. **Inscríbase con el Apoyo de Familiares y Compañeros.**

   Digale a las personas lo que está tratando de lograr. En este sentido, comprenderán si es necesario dejar atrás el desierto o dar un paseo en lugar de detenerse en el bar de camino a casa. En el momento en que sus compañeros se den cuenta de que no está bromeando acerca de cambiar un desafortunado hábito por uno decente, no solo le ayudarán a alejarse de las atracciones, sino que le darán un grito y le brindarán una buena ayuda. ¡En general, necesitamos apoyo para lograr nuestros objetivos!

4. **Identifique el Hábito.**

Como se ha mencionado, la mayoría de las veces, nunca más volvemos a ser conscientes de nuestros hábitos, positivos o negativos, por lo que lo principal que tenemos que hacer es ser conscientes. Si ese hábito se ha ido deteriorando, o si nos quedamos sin aliento al subir un par de escaleras, en definitiva, un patrón de comportamiento negativo (fumar, estilo de vida inmóvil) o la ausencia de un hábito decente (hacer ejercicio) es la causa. Quizás nuestros fondos estén en desorden, lo que implica que hemos tenido la costumbre de gastar más de lo que adquirimos, o no ensayar la gran costumbre de mantener un límite financiero y cumplirlo. ¡Es una oportunidad ideal para observar nuestros hábitos!

5. **Encuentre Enfoques Sólidos para Retribuirse.**

Una razón por la que creamos numerosos patrones de comportamiento negativo, en cualquier caso, es porque nos hacen sentir mejor, independientemente de si es sólo por un breve momento. La gran experiencia de inclinación tiene la intención de aliviarnos o calmarnos cuando estamos concentrados, desanimados o fuera de nuestro bienestar. Por ejemplo, puede comer en exceso y sentirse bien mientras lo hace, pero luego se siente el doble de horrible. El equivalente va para fumar o beber en exceso.

Mientras se encuentre en la manifestación, se sentirá suelto y sin problemas, a pesar de eso, luego se arrepentirá y prometerá dejar de fumar - pronto.

6. Diseñe un Arreglo.

Benjamin Franklin tenía un arreglo increíble para derrotar sus patrones de comportamiento negativo y suplantarlos con otros mejores. Desarrolló un procedimiento mediante el cual grabó 13 éticas que sintió que eran sognificativas en su vida y luego continuó probándolas. Se concentró en una excelencia por cada semana, pasando por alto grandes hábitos en un marco de tiempo de varias semanas. Antes de que terminara cada semana, creía que había superado el patrón de comportamiento negativo, así que continuó con el siguiente la próxima semana.

Durante este procedimiento, mantuvo un diario de su prosperidad con la ética. Dado que una parte de las excelencias alentaba la obtención de otras, las colocaba en una petición específica comenzando con la moderación ya que "adquirirá, en general, esa frialdad y claridad mental, que es tan fundamental donde se debe mantener una vigilancia constante".

Esto funcionará de manera admirable para cualquier persona que intente desarrollar otro gran hábito: ¡en realidad se espera que el cuidado garantice que se quede con él! Después del equilibrio, trató de quedarse quieto, ya que el aprendizaje podría adquirirse mejor "mediante la utilización de los oídos que de la lengua".

7. Encuentre sus Detonantes y Disuasorios.

Si no tiene la menor idea de cuáles son sus detonantes, o si no está preparado para los impedimentos inevitables, se expondrá a la decepción. Para desarrollar buenos hábitos, debemos saber cuáles son nuestros hábitos. Todos, en momentos de deficiencias e indefensión, necesitamos apoyo o una descarga para nuestras decepciones. Ir tras licor, drogas, comer en exceso o curarse demasiado no es la respuesta adecuada.

Si ocurre un episodio no deseado en el trabajo, o una disputa de tráfico desordenada ocurre en el tránsito a casa, es necesario localizar una opción sólida en contraste con su método estándar para manejarlo. En general, tenemos días terribles, sin embargo, no necesitamos recurrir a hábitos desafortunados para aligerar la presión. De la misma manera, tampoco podemos dar fatiga, una posibilidad de enojo, o tensión que desencadenan propensiones desafortunadas. Busque métodos sólidos para gestionar detonantes y problemas.

En este sentido, para limitar la caída del vagón y caer una vez más en viejos hábitos negativos, se compensará cuando haya progresado admirablemente. Disfrute de otro libro, una película, un espectáculo o un nuevo equipo de práctica. Si le hace falta dinero, visite a un compañero que no haya visto por algún tiempo, vaya a la exposición de artesanía del centro de la ciudad o aprecie un suave café con leche.

La brillante ventaja de desarrollar grandes hábitos es que, a raíz de hacerlo una y otra vez, pronto se programan. Cualquier cosa que logre durante bastante tiempo y de manera confiable, al final se convertirá en un hábito, y una vez que lo hace, nunca más tendrá que esforzarse demasiado. Tal es la magnificencia de cultivar grandes hábitos.

Identifique los Malos Hábitos

Es cualquier cosa menos difícil considerar que los hábitos caen en clasificaciones altamente contrastantes — practicar de manera excelente, roer las uñas horriblemente. Sea como fuere, los hábitos se sientan adcionalmente de forma continua en nuestra capacidad para ejercer el control sobre ellos: algunos son suaves, como quitarse los zapatos y tirarlos en el salón cada noche; otros son moderados, como cenar antes de la televisión o beber en exceso cuando vas a una reunión; y luego aquellos que son sólidos y adictivos — como fumar.

Los hábitos se vuelven difíciles de romper ya que están profundamente conectados, por una redundancia constante, a nuestras mentes. Además, cuando les agrega placer — como lo ha hecho con medicamentos o pornografía, por ejemplo — los focos de alegría del cerebro medio también se ponen en marcha.

En cualquier caso, los hábitos son ejemplos adicionales de comportamiento y la ruptura de ejemplos es simplemente la forma de poner fin a los hábitos. Como regla, hay un desencadenante razonable para comenzar el ejemplo. Aquí y allá, los factores detonantes son entusiastas — la necesidad de una bebida o un cigarrillo o roer las uñas impulsado por la presión. En diferentes ocasiones, el desencadenante es básicamente más situacional y natural: considera el asiento del ser y amar cuando golpea la entrada delantera, y ahora su mente saca una conclusión obvia, y cenar antes de que el televisor en el sillón no esté muy lejos. Con mayor frecuencia, es una combinación de ambos — la mezcla de tensión social y la condición de reunión harán que beba aún más.

En cualquier caso, estos ejemplos también están normalmente envueltos por otros más grandes: este es el lugar donde los horarios vienen para manejar nuestras vidas. Este es el momento cuando llega a la entrada principal después del trabajo, lanza los zapatos, se toma una cerveza, se sienta frente a la televisión con la cena en la mano sin pensarlo, de manera similar a cuando su descanso de trabajo por la mañana le incita a usted y a su acompañante, Kate, salir mientras cada uno fuma un cigarrillo temprano en la mañana.

En general, estos comportamientos estándar son conocedores del desarrollo y de todos los efectos y propósitos. Nos protegen de reevaluar la rueda de nuestra vida cotidiana al establecer un sinfín de opciones a lo largo del día, lo que nos da más espacio mental para considerar diferentes cosas. El inconveniente de estos ejemplos de rutina viene cuando esos ejemplos aterrizan más en el terrible segmento que en el que es muy bueno.

Entonces, si tiene hábitos que necesita romper, aquí hay algunas etapas para comenzar:

- Caracterice el comportamiento sólido que necesita cambiar o crear

- Hacer más ejercicio o tratar mejor a su novio puede sonar increíble, pero le dan la oportunidad de controlarlo. Debe tomar medidas para romper el proceso por intuición en cuanto a comportamientos posibles y específicos — como no tirar los zapatos en la sala familiar, pero sí colocarlos en su armario; no comer frente al televisor en la mesa del salón; dacer una carrera media hora cinco días a la semana; enviar a su novio un libro de cortesía una vez al día, en lugar de no enviarle nada o libros negativos. Perforar en lo sólido.

Identifique los Detonantes

El congelador podría ser un detonante suficiente para que vaya a tomar la cerveza una vez que llegue a la entrada, de manera similar a lo que se observa cuando tiene una mala alimentarción sobre el mostrador debido a que está agotado. O también podría ser ese destello de tensión social que arruina la bebida cuando piensa en una ocasión prometedora con múltiples personas. Al identificar sus detonantes, tendrá un método para retroceder y no estar en piloto automático.

En cualquier caso, algunas personas tienen dificultades para hacer esto. Si esto es válido para usted, que tiene dificultades para darse cuenta de lo que realmente lo desencadena, puede trabajar en reversa — vea, por ejemplo, cuando anhela una bebida o se muerde las uñas, se demora y utiliza su familiaridad con estos comportamientos, debe de preguntarse: ¿Qué está pasando en su interior?

Construya un Arreglo de Sustitución

Salir de los hábitos no está ligado a la detención, sino a la sustitución. Aquí es donde piensa en un arreglo para lidiar con la reunión sin beber — tomar un cóctel y balancearse cerca de su gran compañero, en vez de tomar una bebida y estar con un montón de extraños.

Controle los Detonantes

Ya que necesitamos romper los diseños, actualmente hay que ocuparse de los detonadores mismos. Aquí se obtiene proactivamente la pésima alimentación o se prepara la casa, o cuando se entiende, mientras se conduce a casa, que se está concentrado, y se sienta intencionalmente en el vehículo y sintoniza la música que le gusta mientras está sentado en el garaje, o hace un par de minutos de respiración profunda para relajarse, en lugar de por consiguiente caminar en la zona de riesgo de la cocina.

O por otro lado, si le preocupa que se atiborre durante la noche, planee llevar dos golosinas a su habitación a las 11 en punto y resuelva no volver a bajar las escaleras durante el resto de la noche para evitar que se enrolle en la cocina y se desvíe hacia ella. O por otro lado, para evitar la atracción de la pornografía en la web, planee desconectar su PC cuando vuelva a casa y evite los aparatos, y más bien empiece con ese nuevo libro que le regalaron por su cumpleaños, o llamar a su madre, todo para abstenerse de caer en su práctica diaria establecida.

La clave aquí es planear esto antes de que los detonantes tengan la oportunidad de hacer efecto.

Cambie el Hábito Más Grande

Aquí estamos ampliando la configuración que abarca el diseño de hábitos. Aquí va al centro de recreación durante su descanso de medio día, ya que se da cuenta de que el siguiente trabajo es demasiado difícil cuando está tan agotado. O por otro lado, entiende que no se sienta a cenar en la mesa del salón, ya que está repleto de papeles y demás, por lo que debe comenzar por mantener la mesa despejada y prepararla para la cena antes que salir al trabajo.

Al echar un vistazo y cambiar el hábito más grande, en realidad no solo está simplificando el manejo del hábito central, sino que también está trabajando en practicar su autodisciplina en comportamientos más pequeños y más simples. Esto puede aumentar su sensación de fortalecimiento.

Obtener Soportes

Consiga un compañero de carrera, o un amigo de reunión, o alguien a quien pueda llamar, o una discusión en línea que pueda aprovechar cuando esos deseos comiencen a surgir y esté luchando. Converse con su compañero sobre ir a tomar una taza de expreso juntos en vez de quedarse afuera con sus cigarrillos. Ve a las reuniones de AA.

Apoyese y Premiese a sí Mismo

Tarde o temprano en sus esfuerzos por poner fin a un hábito, llegará a un punto en el que lo deja: ¿Por qué estoy tratando de luchar con esto? Se siente desanimado, cree que sinceramente está haciendo su vida aparentemente más difícil y que hay pocos resultados.

Esto es normal, el punto deprimido simultáneamente, y debe concentrarse en el panorama general. En cualquier caso, también debe asegurarse de trabajar en el resultado. Aquí intencionalmente se da palmaditas en la espalda por comer en la mesa en lugar del asiento de amor, a pesar de que no se sentirá mucho mejor rápidamente. Usted toma el efectivo que gastaría en licor, medicamentos o cigarrillos y lo ahorra para comprar algo diferente que siempre ha necesitado — otro atuendo, una escapada de primera línea a pequeña escala. Una vez más, se hunde en tener gente a su alrededor para que le grite y le ayude a entender que está ganando terreno y lo está haciendo de la manera correcta.

Use Indicaciones

Estas son sugerencias para permitirle romper el ejemplo al activar detonantes y alarmas positivas para mantenerlo encaminado: coloque sus zapatos para correr a lo largo del borde de su cama para que los vea antes que nada, o ponga un aviso en su teléfono para salir hacia el centro de ejercicios, o verificarse usted mismo y medir su sensación de ansiedad en el tránsito a casa antes de que se vuelva excesivamente alto y fuera de su control.

Sea Tenaz y Tolerante

Ese es el nombre del juego, obviamente: entender que requerirá algo de inversión para que las nuevas asociaciones cerebrales tengan efecto, para que los viejos detonantes mentales se calmen, para nuevos ejemplos que suplanten a los viejos. Trate de no golpearse a sí mismo por errores o usarlos como razones para detenerse. Tómelo un día a la vez.

Considere la Posibilidad de Obtener Asistencia Competente

Si lo ha hecho tan bien como se puede esperar y todavía está luchando, piense en buscar ayuda experta. Este podría ser un especialista que puede recomendar recetas fundamentales para la tensión y la desdicha, un asesor que no solo puede permitirle desenrollar las fuentes y los impulsores de sus hábitos, sino que además le ofrezca una ayuda y una responsabilidad implacable.

Si bien todos los hábitos no se hacen de manera similar, el objetivo que lo abarca todo es el equivalente, para ser específicos usted se hace cargo de su vida y es proactivo en lugar de responder de forma intencional en lugar de ser rutinario.

Capítulo 2 - Hábitos de Personas Altamente Efectivas

Potenciar a las Personas

Vivimos en una cultura que está en constante cambio. El tipo de niños pioneros que la América de la posguerra intentó ser es diferente del tipo de pioneros en los que se centraron Millennials y la Generation X.

El cambio en el estilo de autoridad ha sido en gran medida una consecuencia del cambio del centro de negocios y de lo que se espera de las organizaciones que sean agresivas. Hace veinte años, se trataba de que el orden y el control fueran inequívocos y definitivos. Se confiaba en que el pionero del pasado tuviera todas las respuestas apropiadas y guiara a sus trabajadores. Los representantes deben cumplir con las pautas, hacer lo que se les dijo y pagar su tasa hasta que sean elevados a un lugar de poder.

En ese momento, la satisfacción en el trabajo era un sueño imposible. Se le informó que si mantenía su enfoque en el panorama general - poder y autoridad - en ese punto, sería "efectivo". Pero no entiendo el significado de eso... En este modelo, nadie está contento y floreciente. La dirección y el control hacen que los representantes estén hambrientos de autogobierno y después de eso se vuelven alcohólicos de poder una vez que llegan al punto más alto del escalón. Todo está fuera de la ecualización, y la organización perdura.

Sea como fuere, actualmente dirigir y controlar está despejando el camino para un método de conducción cada vez más orientado a la comunidad. El mercado solicita avances a una velocidad tan rápida que se requieren pensamientos ilimitados para poder competir.

Estos pensamientos ilimitados no pueden originarse simplemente de un pionero; sin embargo, deben originarse de cualquier otra persona incluida.

De esta manera, la cúspide de la administración está pasando de instruir a todo el mundo, a permitir que otros piensen en los mejores y más brillantes pensamientos que nunca se han imaginado. ¿Cómo en ese momento les permite a las personas ser lo mejor posible?

Aquí hay seis maneras increíbles en las que puede comenzar a tener logros comerciales al ayudar a su grupo a ser el mejor:

Vivea los comportamientos que necesita que ellos comprendan.

Guiar a diferentes adultos no es un sistema de inspiración exitoso. ¿Cuándo fue la última vez que se determinó qué hacer para que se sintiera motivado y preparado para implementar una mejora genuina? Probablemente nunca, a la luz del hecho de que este es el enfoque más extremadamente terrible para lograr que las personas cambien. ¿Se da cuenta de lo que es profundamente viable? Exhibir los comportamientos, actividades y cualidades que desea encontrar en los demás. Sin embargo, esto requiere deber y orden de usted, el pionero. Debes ser la persona que necesita que sea su grupo.

Ayúdelos a Revelar su Zona de Genialidad.

Su Zona de Genialidad es el punto de cruce de su competencia intelectual innata y su motivación. Su actitud mental es la forma en que su cerebro, naturalmente prefiere emitir datos de comprensión y procesamiento. Su motivación está conectada con lo que le satisface y está asociada con su investigación del cerebro. Comprenda su desafío de vida más notable — la única cosa con la que generalmente se adapta a la situación para ayudar a otras personas. Esa es su Zona de Genialidad. En ese punto, tiene la fórmula para la inspiración interminable cuando la necesita.

Dele a su Grupo la libertad para que Hagan todo por su Cuenta.

No microgestione — otro ejecutor de la inspiración. Dar espacio a las personas. Me he encontrado con un sinfín de CEO que se han mudado a un entorno de trabajo solo de resultados. Todos los CEO detallaron una mayor inspiración y dedicación. Dele a su familia más oportunidades de las que se sienta bien — lo que parece ser la actividad más aterradora en algunas ocasiones es la más dominante. Su grupo regresará con resultados que no podrá imaginar.

Sea un Proveedor.

En su libro Give and Take, Adam Grant tomó nota de que las mejores personas proporcionan a los demás sin contemplar recibir nada en consecuencia. Cuando necesite involucrar a otros, prepárelos. Sea liberal, y se sentirán asociados con usted, con el valor aumentado y motivados a hacer lo mismo.

Acercarles Cuál es su Visión para su Vocación o Empleo.

Mucha gente no tiene la menor idea de cuál es su visión para su profesión u ocupación. La importancia de un sueño es que pueda manejarlo en momentos de progreso o en la priorización de empresas. El hecho de que sus familiares conozcan el rumbo que necesitan para controlarse mejora la eficacia así como un método simple para garantizar que están descubriendo cómo inspirarse.

Evite ofrecer a su grupo las respuestas. O tal vez, exprese el problema y déjelos pensar en el arreglo.

Esto está relacionado con la supervisión de sí mismo. A menudo hacemos las cosas sin querer y después de eso nos preguntamos por qué no estamos obteniendo los resultados que necesitamos. Obsérvese aún más intensamente con respecto a lo que declara a su grupo u otros. ¿Es seguro decir que está evitando instruirlos? Debería, pero esto no es simple. Vivimos en una sociedad hambrienta de poder y es más simple utilizar nuestra capacidad muscular, instruir a otros y usarla como una oportunidad para acariciar nuestras propias personalidades. No obstante, esto no compromete a otros a ser lo mejor de sí mismos.

En el momento en que los individuos se sientan capacitados, se almacenan en ellos mismos y en su capacidad para controlar su propia vida y la de expertos. Involucrar a otros promueve el pensamiento positivo y un alma "capaz" de completar las cosas — más rápido y mejor. Aquí hay 10 consejos para ayudar a otras personas a convertirse en todo lo que son aptos para ser.

Trate de no esforzarse por ser el punto focal de consideración; comparta el foco de atención y recoja los logros. Acumular el foco de atención generalmente crea rechazó, mientras que compartiendo se asegura de traer gratitud y aprecio.

Ofrezca de todo corazón su tiempo y consideración, sin anticipar nada en consecuencia. Los compañeros y asociados se sentirán reconocidos y le devolverán su liberalidad en agradecimiento.

Haga un esfuerzo especial para interactuar con nuevos socios. Visítelos, déles la bienvenida para un espresso; hagales sentir que son una pieza bienvenida y estimada del grupo.

Modele características de carácter positivas en las que tenga fe. Otros prestarán atención y copiarán sus palabras y actividades.

Si usted es responsable de una reunión, hágales saber a todos lo que merecen su evaluación. Energice a las personas que podrían ser modestas para gritar. Intente no menospreciar los compromisos de nadie, independientemente de si no puede evitar contradecir esas ideas específicas.

Escuche con atención. Intente no perder el centro cuando alguien se dirija a usted. Eche un vistazo a ellos y haga un gesto para mostrar que está siguiendo la discusión. Esto instará al otro individuo a seguir compartiendo sus pensamientos.

Ofrezca a las personas las dos palabras más subestimadas en el idioma inglés: "muy agradecido". Le demuestra a los demás que vio su ayuda o sus capacidades potenciales y está agradecido.

Dar informes directos de autogobierno. Deles la oportunidad de pensar sus propios pensamientos y respuestas. Individuos que se sientan responsables de sus decisiones más alegres, progresivamente satisfechos y cada vez más beneficiosos. Actúe hacia los demás como haría que otros actúen hacia usted, con benevolencia, pensamiento y consideración.

Haga cumplidos genuinos, independientemente de si está aplaudiendo la naturaleza del trabajo de alguien, su ayuda con una tarea o su atuendo.

Previsión y Enfoque

Lo que está por venir es demasiado imperativo como para dejarlo en riesgo. Anteriormente, las organizaciones sustentaban a los individuos. En la actualidad, es regularmente de una forma diferente.

La retórica mohista puede usarse para contrarrestar la difusión de información errónea por parte de las agencias gubernamentales porque ofrece una base para el "amor universal" y la sumisión a la "voluntad del cielo". La retórica mohista es una filosofía China que enfatiza la importancia de Dios (el Señor en lo Alto) y el amor universal está cambiando radicalmente el comportamiento en la sociedad. Esta filosofía fue concebida por Mozi a través de sus enseñanzas, y enfatiza la practicidad y la igualdad en la sociedad. Uno de los aspectos fundamentales de la filosofía es que enfatiza una sociedad meritocrática dirigida por un monarca virtuoso y funcionarios que han sido nombrados en función de sus habilidades para manejar las responsabilidades en lugar de la condición social. La filosofía es particularmente crítica de los excesos de la sociedad, como los ritos funerarios confucianos que utilizaron una cantidad significativa de fondos que se gastarían mejor en la sociedad.

Esta retórica puede utilizarse para contrarrestar la difusión de información errónea por parte de los organismos gubernamentales utilizando el consejo mohista en la selección de los líderes apropiados. La retórica mohista enfatiza la selección de líderes en función de sus habilidades y capacidades en lugar de sus antecedentes, y esto contribuirá en gran medida a garantizar que los encargados de la información no difundan la información errónea. Del mismo modo, la retórica mohista señala la importancia de un ser superior en la sociedad, Dios; por lo tanto, todas las acciones emprendidas por una agencia gubernamental deben incorporar las enseñanzas e instrucciones de Dios al enviar información. Por lo tanto, todas las acciones tomadas por el gobierno deben tener en cuenta "la voluntad del Cielo" y garantizar que todas las actividades emprendidas se realicen de acuerdo con las leyes de Dios. Por lo tanto, este documento proporcionará información sobre las formas específicas en que la retórica mohista puede usarse para contrarrestar la propagación de información errónea por parte de las agencias gubernamentales.

La retórica mohista se caracterizó por principios específicos que proporcionaron a sus seguidores una comprensión básica de cómo comportarse en la sociedad. Una de las características críticas de la retórica mohista era que debería hacerse hincapié en la frugalidad y la utilidad entre la población. Esto significa que todos los recursos de la sociedad deben coordinarse y utilizarse para avanzar en el progreso de la comunidad y mejorar el bienestar de cada individuo. Por lo tanto, todas las actividades que se realicen en la sociedad deben tener en cuenta el progreso general esperado para la comunidad sin prejuicios.

La condena del lujo y el desperdicio en la sociedad también es otra característica crítica de la retórica mohista. Los principios de esta ideología son que el lujo en la sociedad no debe ser tolerado, particularmente a expensas de las actividades generales que promoverán el progreso en la comunidad. Las personas en puestos de autoridad no deben vivir sus vidas con lujo mientras el resto de la población se sume en la pobreza. Del mismo modo, tampoco se deben tolerar los desechos porque es necesario reunir todos los recursos de la comunidad para mejorar el bienestar de cada individuo. Por lo tanto, el lujo y el desperdicio son aspectos fundamentales de la comunidad que deben evitarse en beneficio de un mejor mañana.

Otra característica importante de la retórica mohista es un enfoque utilitario en la gestión de los asuntos de la comunidad.

'Preocupados por la gente común, propulsaron una filosofía político-social utilitaria, dirigida hacia el bienestar material de todos. Todas las acciones tomadas en la sociedad por figuras de autoridad deben reconocer los beneficios de cada miembro de la comunidad en contraposición a los grupos individuales de personas. Esto significa que en una sociedad mohista, la buena moral abarca aquellas acciones que serán favorables para la mayoría de las personas. Por lo tanto, esta característica crucial de la retórica mohista hace hincapié en el cuidado imparcial de cada miembro de la comunidad, independientemente de su estatus social.

La reverencia a Dios (el Señor en lo Alto) como otra importante característica de la retórica mohista que guió las decisiones y acciones tomadas por los mohistas en la época. Los mohistas creían que toda la vida se originó en Dios, y que tener reverencia y respeto por él era la única forma en que la sociedad podía progresar. Los mohistas también enfatizaron adorar a las deidades tradicionales y mantener la importancia de un ser supremo como un aspecto importante de la cultura China. Por lo tanto, esta característica permitió a cada individuo respetar a cada uno sobre la base del mismo amor que Dios tiene por todos.

La retórica mohista puede usarse como una herramienta de argumentación para contrarrestar las tácticas de comunes de desinformación que existen hoy en día. En primer lugar, la retórica mohista implica la creencia de que las figuras de autoridad en la sociedad deberían ser nombradas para tales puestos en base a sus capacidades para realizar el trabajo en lugar de su estatus social. Esto significa que los líderes de la sociedad habrán pasado por extensos procesos de selección para asegurarse de que sean individuos moralmente rectos en los que confía la mayoría del público. Por lo tanto, este enfoque se puede utilizar para contrarrestar la difusión de información errónea asegurando que haya líderes creíbles seleccionados por la mayoría para garantizar que las acciones tomadas por el gobierno funcionen en el mejor interés del público.

Del mismo modo, la retórica mohista puede usarse para enfrentar el desafío de la desinformación en el mundo actual al condenar los lujos y los desechos de la sociedad. Una sociedad lujosa será indiferente a la información que reciba siempre y cuando no afecte al lujo, y esto promueve la difusión de información errónea. Además, una sociedad derrochadora estará compuesta de información errónea porque la mayoría de las personas estarán convencidas de no pensar en el desperdicio que realmente se genera a su alrededor. Como Chris Fraser ha señalado, establecer distinciones de esta manera es el equivalente funcional, en el pensamiento mohista, de emitir un juicio o formar una creencia. La capacidad de dibujar las distinciones correctamente es el conocimiento. Por lo tanto, emplear la retórica mohista sobre la conducta de la vida y la sociedad para gestionar el lujo y el desperdicio de manera sistemática ayudará a contrarrestar la propagación de información errónea asociada a estos males en la sociedad.

El enfoque utilitario de la retórica mohista también se puede utilizar para contrarrestar la difusión de información errónea al destacar el hecho de que toda la información debería beneficiar a cada individuo. Una característica importante de la información errónea es que la acción se perpetúa en beneficio de unos pocos, mientras que la mayoría tiene que vivir con una mentira. Por lo tanto, un enfoque utilitario enfatiza el intercambio de información verdadera con tantas personas en la sociedad como sea posible, con el impacto deseado que sea favorable para los miembros de la comunidad.

Construya Relaciones Fuertes

La solución individual más significativa en la ecuación del logro es darse cuenta de cómo coexistir con los individuos.— Theodore Roosevelt

Uno de los encuentros más importantes que podemos tener en nuestras vidas es la asociación que tenemos con otras personas. Las conexiones positivas y fuertes nos ayudarán a sentirnos más ventajosos, más alegres y cada vez más felices con nuestras vidas. Aquí hay algunos consejos para ayudarle a desarrollar conexiones progresivamente positivas y sólidas en todas las partes de su vida:

La ética y la moral describen las formas adecuadas de gobernar el comportamiento humano que garantizan que todos vivan en paz y armonía. Observar los códigos de ética es una parte integral de la sociedad actual porque garantiza que haya equidad y justicia. Estas reglas especifican la forma en que las personas deben vivir e interactuar entre sí sin discriminación o favor contra otras personas. Existen varios ámbitos de la ética y la moral que rigen la forma en que las personas viven entre sí y gestionan los recursos que las rodean. El concepto de ética puede aplicarse a un conjunto diferente de individuos en la sociedad y el entorno circundante.

Éticamente, las personas deben vivir con consideración y respeto mutuo entre sí para asegurarse de que no haya prejuicios. Cada persona en la tierra es igual y tiene derecho a compartir las libertades de todos los demás. Esto significa que comportarse de manera moral no enoja ni limita las oportunidades de otra persona de una manera intencional. En cambio, hay una cuidadosa consideración por los intereses de otras personas, así como el bienestar de toda la comunidad. Este enfoque cuidadoso para cuidar el bienestar de las personas que lo rodean constituye a un comportamiento ético.

Las leyes que gobiernan los países y las naciones del mundo también tienen una influencia significativa en la formación de las opiniones sobre la ética y la moral. Las leyes proporcionan reglas y regulaciones definidas que determinan la manera en que las personas interactúan entre sí. Las leyes son muy claras sobre las actividades que tienen la consideración de ser legales o no. Por lo tanto, aquellas personas que actúan fuera de los límites de la ley son responsables de ser castigados porque sus acciones no fueron éticas. Permanecer dentro de los límites de la ley es esencial para garantizar que haya un alto nivel de responsabilidad entre todos. Esto reduce las posibilidades de desarmonía y disputas porque todos tienen la percepción de estar en igualdad de condiciones con otras personas de la comunidad

Las religiones que existen en el mundo también son muy influyentes en la formación de las opiniones sobre la ética y la moral. Esto se debe a que las enseñanzas religiosas proporcionan una base para el mejor comportamiento humano y actividades positivas que aseguran lo mejor para todos. La religión es muy estricta al proporcionar detalles sobre cómo las personas deberían convivir entre sí porque distingue el buen comportamiento del mal. Por lo tanto, el comportamiento aceptable según la religión es ético y moral porque no influye negativamente en la sociedad circundante.

La manera en que las personas interactúan con el medio ambiente también es una influencia significativa en los puntos de vista de la ética y la moral. Es vital que los seres humanos cuiden el medio ambiente a su alrededor y garanticen su existencia durante años venideros porque es la acción más ética para realizar. Preservar el medio ambiente es un concepto vital porque la vida humana depende firmemente del bienestar de los ecosistemas naturales. Por lo tanto, es un comportamiento ético conservar y gestionar el medio ambiente para garantizar su virilidad para apoyar la vida y estar disponible para las generaciones futuras, también.

En línea con el tema de Prey, hay una serie de contrastes y comparaciones con la tecnología actual. El libro de Michael Crichton "Prey" habla sobre los avances tecnológicos que podrían dar forma a la tierra algún día. La trama de la historia toma forma a través de una mujer que trabaja en la sección del departamento de nanotecnología de su empresa. Ella rápidamente se destacó principalmente porque su esposo perdió su trabajo y se convirtió en una carga para ella. Por lo tanto, la esposa tiene que concentrar toda su energía en su carrera para mantener a su familia y alcanzar sus intereses también.

Por lo tanto, uno de los principales contrastes del tema de Prey con la tecnología actual es la existencia de robots. La historia habla sobre el protagonista que busca una estrategia tecnológica adecuada para desarrollar la última máquina. Su trabajo es de alto secreto e incluso su esposo no tiene idea de en qué está trabajando. Su aislamiento en el desarrollo de esta tecnología hace que su esposo crea que está teniendo una aventura extramatrimonial cuando no está. Pero la realidad es que el desarrollo de esta tecnología no se compara con nada presente en la sociedad actual, lo que significa que necesita mucho tiempo para desarrollarla.

El desarrollo de robots es una característica dominante del trabajo de Michael Crichton. La historia es muy futurista, ya que proporciona detalles sobre la fabricación y el desarrollo de estas máquinas y su incorporación a la sociedad. Esta tecnología actualmente no existe en el mundo de hoy, principalmente porque todavía está en sus etapas iniciales de desarrollo. Por lo tanto, esta desambiguación proporciona una idea del posible futuro del mundo con la incorporación de robots en varias operaciones. Esta tecnología tiene avances significativos que resaltan las principales diferencias con la tecnología actual.

Además de las diferencias en el nivel de tecnología en el libro de Crichton y el mundo de hoy en día, hay mucha información sobre ingeniería genética. Relativamente nuevo en el mundo de la tecnología, la ingeniería genética implica alterar los genes dentro de diferentes especies de animales y seres humanos para lograr equilibrios biológicos. La ingeniería genética es un tema delicado porque va en contra de las normas de la sociedad, especialmente la opinión religiosa. Esto se debe a que los propósitos y procesos de la ingeniería genética tienen vínculos estrechos con la creación de seres vivos, un concepto que solo tiene una asociación con Dios y otros seres superiores.

Por lo tanto, las explicaciones exhaustivas sobre la ingeniería genética sirven para abrir un mundo futuro donde cualquier cosa podría ser posible. Esta diferencia obvia en las capacidades de los seres humanos en el futuro destaca el mayor contraste del libro de Crichton con la tecnología actual. La capacidad de desarrollar y alterar material genético para crear otros seres es un concepto con el que los científicos solo pueden soñar en el mundo de hoy. Sin embargo, hay introducciones moderadas de ingeniería genética en la tecnología actual, pero los niveles de los que Crichton habla en su novela están muy por delante del tiempo de hoy. Este es uno de los temas contrastantes en la novela de Crichton sobre la tecnología actual y la del futuro.

Otro tema esencial en discusión en la novela son los problemas que rodean la inteligencia artificial. Hay mucha similitud de esta tecnología con los logros actuales en el mundo de hoy. Esto se debe a que varios científicos de todo el mundo ya practican la inteligencia artificial para inducir la vida y garantizar el equilibrio biológico adecuado. Por lo tanto, la inteligencia artificial generalmente implica la combinación manual de factores genéticos en animales y seres humanos que conducen a la vida. Esta tecnología ofrece un método adecuado para controlar las poblaciones dentro de una región dada porque ofrece la capacidad de agregar vida al planeta.

El libro de Michael Crichton ofrece algunas similitudes y diferencias en el desarrollo y la aplicación de la inteligencia artificial. En la tecnología actual, el uso de la inteligencia artificial para factores biológicos tiene una serie de ventajas y desventajas . Hay mucho margen de error porque el desarrollo de la tecnología aún está en curso. Esto significa que es mayor la posibilidad de que no funcione. Pero también aún hay espacio para mejorar los niveles actuales de tecnología que rodean la inteligencia artificial.

Sin embargo, según las descripciones de Michael Crichton en su novela Prey, el futuro contendrá algunos de los cambios más significativos para la inteligencia artificial. Entre los principales detalles de la novela se incluyen la precisión y la idoneidad de la inteligencia artificial para regular la vida en la tierra. Como resultado de esta tecnología, es posible que los científicos programen la creación de la vida humana a través de técnicas científicas apropiadas. Esta tecnología futurista es responsable de aumentar la vida manualmente tanto en animales como en seres humanos, dejando muy poco margen de error. Además del conocimiento de la ingeniería genética y la nanotecnología, es posible que los científicos creen rápidamente una nueva vida con una precisión sorprendente.

Por lo tanto, los avances tecnológicos del futuro son muy diferentes a los de la tecnología actual en el mundo de hoy. Pero según la novela de Crichton, los seres humanos eventualmente llegarán a la etapa en la que jugarán casi el mismo papel que Dios. Su aterradora capacidad para determinar la creación de vida y el control de varios factores biológicos plantea los problemas de ética y moralidad. Esto se debe a que, según el mundo actual, es ético obedecer completamente a Dios, evitar la blasfemia y asumir algunos de sus roles, como la creación de la vida.

Aquí también hay otras similitudes y diferencias en la tecnología dentro de la novela de Crichton y el mundo de hoy en día. Con respecto al conocimiento adicional que posee el ser humano en la creación de la vida, la vida artificial pronto se convertirá en un problema ya que hay varios seres en la tierra nacidos de esta manera. La vida artificial es un tema controvertido porque las formas de vida representan el trabajo de los seres humanos en lugar de un ser superior. Incluso los científicos reconocen que el origen de la vida debe haber sido de una fuerza externa con poderes superiores a la de una persona ordinaria. Por lo tanto, la capacidad de crear vida plantea muchas preguntas y cuestiona la fibra ética y moral de la vida artificial.

Además del enfoque biológico de mejorar la tecnología, hay desarrollos significativos en el campo de la computación científica. En el futuro, las computadoras se volverán más complejas y técnicas de usar a medida que adquieran atributos más cercanos al cerebro humano. La potencia y la complejidad de estas computadoras permiten su durabilidad porque utilizan fuentes de energía alternativas. Esto significa que ofrecen una vida útil mayor y mejor que la tecnología actual, donde solo unas pocas computadoras tienen la potencia necesaria para igualarlas.

Una de las adiciones significativas a la tecnología que rodea a las computadoras es una batería con la capacidad de sobrevivir durante mucho tiempo. Esto permite que la computadora realice operaciones complejas que tienen similitud con las operaciones del cerebro. Esto plantea cuestiones éticas y morales en el mundo de hoy porque solo Dios puede biológicamente crear un órgano complejo capaz de realizar operaciones complejas.

Esta percepción parece estar en el fondo de la novela de Crichton mientras explica la complejidad de la evolución de las computadoras. El resultado de esta evolución es una máquina muy técnica que no corresponde a la tecnología moderna del mundo actual.

El mundo de las compras y los avances científicos en computadoras es el enfoque correcto cuando se busca saber más sobre las descripciones de la tecnología de Crichton. Es apropiado que el individuo haga algunas investigaciones en el mercado así como en los productos disponibles. Una cosa es saber el tipo de reloj que se va a comprar, y otra cosa es conseguir que un distribuidor apropiado le ayude. Por lo tanto, hacer una investigación temprana en Internet sobre la tecnología permitirá al individuo abrir sus opciones. De esta manera, será posible encontrar a los profesionales adecuados que venderán el producto correcto a un buen precio.

Algunas de las principales características incluyen la opción de venir en un modelo digital o tradicional. Esto es esencial porque el mercado está formado por clientes con diferentes gustos y preferencias, por lo que resulta pertinente abastecerse de varias opciones. Los relojes tienen instalaciones impermeables además de pilas de alta potencia que garantizan que el reloj permanezca activo durante un largo período de tiempo. Además, otra característica interesante del reloj es la opción de una correa clásica de cuero que permite al usuario obtener el mejor producto posible. Estas características mejoran el reloj y le permiten competir fuertemente en el mercado.

Una de las principales ventajas de la compra de este reloj es su pila de larga duración que permite que el reloj permanezca funcionando durante varios años. Una pila estable asegura que este reloj no deje de funcionar en poco tiempo. Otra ventaja de este reloj es que es práctico, ya que puede ser usado por cualquiera. Sus capacidades de resistencia al agua le permiten ser práctico para su uso tanto en la oficina como en actividades de trabajo manual. Por último, la compra de ese reloj le permitirá al usuario acceder a una garantía de un año que le permitirá recuperar su dinero si no está satisfecho con el producto.

Una de las desventajas de este reloj es su precio relativo dentro del mercado. En comparación con la mayoría de los otros relojes de esta clase, es caro y es probable que sólo atraiga a unos pocos clientes interesados. Además de esto, sus principales características y apariencia se asemejan a otros productos en el mercado. Esto significa que el consumidor tiene una amplia variedad de opciones para seleccionar y puede fácilmente mirar la novela, Prey. Por último, la opción de cuero es un extra adicional que el cliente tendrá que pagar, lo que significa que gastará más dinero para conseguir el mejor reloj.

A pesar de las desventajas, el reloj es moderno y atractivo para la generación actual, incorporando los últimos cambios. En la oscuridad, las manecillas del reloj y las figuras del reloj digital son luminosas y permiten su uso en el escenario más oscuro. El estilo y la artesanía detrás del producto final lo hacen hermoso y atractivo para los espectadores. Por lo tanto, es un producto agradable de tener y es probable que mejore su valor en el futuro debido a su atractivo estético. Por lo tanto, los clientes no deberían buscar más si quieren beneficiarse plenamente de los avances tecnológicos futuristas.

Por lo tanto, las principales discusiones y debates éticos que rodean las descripciones tecnológicas en la novela de Crichton giran principalmente en torno a factores religiosos. La religión ofrece una base importante para desarrollar opiniones éticas y morales en el mundo de hoy en día, ofreciendo así una excelente descripción de algunos de los dilemas del libro. La religión es muy clara y categórica sobre los orígenes de los seres humanos y toda la vida en la tierra. Establece específicamente que los seres humanos son producto de la obra de Dios y solo Él puede regular, terminar y crear una vida nueva.

Por lo tanto, las descripciones de Crichton de la vida artificial y los complejos avances en el mundo científico crean dilemas éticos porque la mayoría de las personas creen que la vida proviene de un ser superior. Por lo tanto, los principales problemas éticos en discusión, en este caso, son las capacidades y la experiencia del ser humano en relación con Dios. El lector de esta novela tendrá dificultades para creer que los seres humanos avanzarán a un nivel en el que puedan regular la vida en la Tierra. Esto genera mucha controversia porque la tecnología de hoy no está cerca de lograr estos avances científicos.

La descripción de los problemas relacionados con la ética en el mundo de hoy es que el hombre tiene un límite para lograr el éxito de Dios. Por lo tanto, la referencia constante a la tecnología moderna que rivaliza con el poder de Dios es el tema ético más importante en discusión. Existe una gran asociación entre la falta de ética en el futuro del mundo como resultado de los rápidos avances de la tecnología. Por lo tanto, la novela Prey, ofrece una idea del papel de la tecnología en la determinación del destino de los seres humanos en el mundo futuro.

Fe y Compromiso

¿Sería capaz de reconocer una relación decente? Obviamente, nadie se da cuenta de lo que realmente sucede entre una pareja, sin embargo, muchos años de examen científico sobre la adoración, el sexo y las conexiones nos han enseñado que pueden preverse diversos comportamientos cuando una pareja está en un terreno firme o se dirige hacia aguas agitadas. Grandes conexiones no ocurren sin ninguna previsión. Asumen la responsabilidad, el trato, el perdón y una gran parte de todo — el esfuerzo. Continúe buscando lo más reciente en ciencia de relaciones, pruebas divertidas y consejos complacientes para que pueda fabricar un vínculo más sólido con su pareja.

Amor y Romance

Comenzar a mirar a todos con los ojos estrellados es la parte simple. La prueba para parejas es la manera de revivir las llamas del sentimiento de vez en cuando y desarrollar el crecimiento, confiando en la adoración que es el signo de una relación duradera.

- ¿Cuál es tu estilo de amor?

- Cuando dice "Te adoro", ¿no entiende su significado?

- Sentimental: basado en la energía y la fascinación sexual.

- Amigos más cercanos: cariño y amor profundo

- Consistente: sentimientos prácticos que dependen de cualidades compartidas, objetivos monetarios, religión, etc.

- Enérgico: sentimientos provocados por burlas o sentirse probado

- Posesivo: celos y fijación

- Desinteresado: Nutrición, consideración y sacrificio

Los especialistas han descubierto que la adoración que sentimos en nuestras conexiones más dedicadas es generalmente una mezcla de algunos tipos diferentes de afecto. En cualquier caso, con frecuencia, dos individuos en una relación similar pueden tener adaptaciones completamente diferentes de cómo caracterizan el amor. Los científicos dan el caso de un hombre y una mujer comiendo. El servidor juega con la dama; Sin embargo, el esposo parece no darse cuenta, y empiezan las discusiones sobre el reemplazo del aceite en su vehículo. La esposa está enojada, su media naranja no tiene envidia. El esposo siente que su trabajo adicional no es valorado.

¿Qué tiene esto que ver con el afecto? El hombre y la mujer caracterizan el amor de manera diferente. Para él, el amor es funcional y se ve mejor con movimientos constantes como el mantenimiento del vehículo. Para ella, el afecto es posesivo, y una reacción deseosa de su pareja hace que su ambiente sea estimado.

Comprender lo que hace que su pareja se sienta adorado puede permitirle explorar la lucha y restablecer el sentimiento en su relación. Usted y su cómplice pueden tomar la prueba Love Style del Dr. Hatkoff y descubrir cómo cada uno de ustedes caracteriza el amor. Si se familiariza con su pareja se inclina hacia la envidia, asegúrese de ver cuándo alguien está jugando con esa persona. Si su pareja es hábil en el afecto, vea las numerosas pequeñas formas en que la persona en cuestión muestra amor al tratar con las necesidades habituales.

El amor sentimental ha sido conocido como una "compulsión característica", ya que inicia el enfoque de recompensa de la mente, sorprendentemente las vías de la dopamina relacionadas con el uso ilícito de drogas, el licor y las apuestas. Sea como fuere, esos caminos equivalentes también están conectados con rareza, vitalidad, centro, aprendizaje, inspiración, deleite y deseo. ¡No es una gran sorpresa que nos sintamos tan empoderados y emocionados cuando comenzamos a mirar a todos con los ojos estrellados!

Sin embargo, en conjunto nos damos cuenta de que el amor sentimental y energético se desdibuja un poco después de un tiempo, y (confiamos) se desarrolla en un tipo de amor sometido cada vez más apaciguado. En igualdad de condiciones, muchas parejas desean revivir los destellos del primer romance. Sea como fuere, ¿es posible?

Explore un territorio nuevo y diferente, y asegúrense de hacerlo juntos. Nuevos encuentros representan el marco de recompensa del cerebro, inundándolo con dopamina y norepinefrina. Estos son circuitos mentales similares que se iluminan en el amor sentimental temprano. Independientemente de si toma una clase de cerámica o realiza un viaje en bote por la naturaleza, iniciar sus estructuras de dopamina mientras está como uno puede ayudarlo a recuperar el fervor que sintió en su primera cita. En investigaciones de parejas, el Dr. Aron descubrió que las parejas que normalmente comparten nuevos encuentros reportan elevaciones más prominentes en la satisfacción conyugal que las personas que simplemente comparten encuentros encantadores pero naturales.

Analize su Nivel de Pasión

La educadora de investigación del cerebro Elaine Hatfield ha recomendado que la adoración que sentimos de inmediato en una relación es diferente de lo que sentimos después. De buenas a primeras, el amor es "entusiasta", lo que significa que tenemos sentimientos de anhelo excepcional por nuestra pareja. Las conexiones a largo plazo crean "amor de compañía", que puede representarse como una amistad profunda y sentimientos sólidos de deber y cercanía.

¿A dónde llega su relación en el rango de afecto? La escala del amor apasionado, creada por el Dr. Hatfield, de la Universidad de Hawai, y Susan Sprecher, una educadora de ciencias del cerebro y humanismo en la Universidad Estatal de Illinois, puede permitirle medir el nivel de energía de su relación. Cuando vea dónde está parado, puede comenzar a intentar inyectar más energía en su asociación. Tenga en cuenta que si bien la escala es ampliamente utilizada por los analistas de relaciones que estudian el amor, la prueba no es, de ninguna manera, la última palabra sobre la fuerza de su relación. Tómelo solo como entretenimiento y deje que las preguntas lo animen a conversar con su pareja sobre el entusiasmo. A fin de cuentas, nadie puede decir realmente a dónde puede conducir la discusión.

Sexo
Para la mayoría de las parejas, cuanto más sexo tienen, más alegre es la relación.

¿Cuál es la Cantidad de Sexo que Tiene?

¿Qué tal si comenzamos con las noticias edificantes? Las parejas sometidas realmente tienen más sexo que cualquier otra persona. ¿Trata de no confiar en ello? Si bien los hechos demuestran que las personas solitarias pueden divertirlo con relatos de escenas sexuales locas, recuerde que las personas solitarias también experimentan largas sequías. Un informe en 2017 encontró que el 15 por ciento de los hombres y el 27 por ciento de las mujeres revelaron que no habían tenido relaciones sexuales en el año anterior. Además, el 9 por ciento de los hombres y el 18 por ciento de las mujeres afirman que no han tenido relaciones sexuales en cinco años. Los componentes principales relacionados con una vida sin sexo son la edad más madura y el no estar casados. Así que, ya sea que tenga sexo dedicado o en pareja una vez a la semana, al mes o sólo seis veces al año, la verdad es que todavía hay alguien que podría estar teniendo menos sexo que usted. Además, si usted es una de esas personas que NO tiene relaciones sexuales, esto lo alegrará: los estadounidenses que no tienen relaciones sexuales están tan contentos como sus parejas explícitamente dinámicas.

El Matrimonio sin Sexo

¿Por qué razón algunas parejas chisporrotean mientras otras fallan? Los investigadores sociales están leyendo sobre las relaciones sin sexo para obtener indicaciones sobre lo que puede resultar mal para ver a alguien.

Se evalúa que el 15 por ciento de las parejas casadas no han tenido relaciones sexuales con su compañero de vida en el último medio año a un año. Algunas relaciones sin sexo comenzaron casi sin sexo. Algunas relaciones sin sexo comenzaron con casi nada de sexo. Otras relaciones sin sexo devido al trabajo estatal o un emprendimiento que provocó un retroceso y al final causó la detención del sexo. Las personas en relaciones sin sexo generalmente no están tan contentas, sino más propensas a haber considerado la separación que las personas que tienen relaciones sexuales normales con su pareja o cónyuge.

Si tiene un matrimonio de bajo sexo o sin sexo, el avance más significativo es consultar a un especialista. Un deseo sexual bajo puede ser el efecto secundario de un problema terapéutico (bajo nivel de testosterona, rotura eréctil, menopausia o miseria) o muy bien puede ser una reacción de una receta o tratamiento. Algunos investigadores estiman que desarrollar la utilización de antidepresivos como Prozac y Paxil, que pueden desalentar el deseo sexual, podría contribuir a una expansión en las relaciones sin sexo.

Si bien algunas parejas en relaciones sin sexo son alegres, en realidad, cuanto más sexo tienen varias, más alegres son como una sola. Es difícil revivir un matrimonio que ha abandonado el sexo durante bastante tiempo, sin embargo, es muy posible que se termine. Si no puede vivir en un matrimonio sin sexo, debe permanecer casado, consulte a un especialista, visite a un asesor y comience a conversar con su pareja.

Aquí hay una parte de los medios que los especialistas prescriben para recuperar un matrimonio sin sexo en la habitación:

- Conversar con los demás sobre sus deseos.
- Diviértanse mucho juntos y compartan nuevos encuentros para recordarle cómo fue que comenzaste a verle con los ojos estrellados.
- Tomarse de las manos. Contacto. Abrazo.

Participe en relaciones sexuales independientemente de si prefiere no hacerlo. Numerosas parejas descubren que si se limitan a entablar relaciones sexuales, pronto no se convertirá en trabajo y recordarán que en realidad les gusta el sexo. El cuerpo reacciona con una oleada de sintéticos cerebrales y diferentes cambios que pueden ayudar.

Tenga en cuenta que no hay un punto de ajuste para la medida perfecta del sexo en un matrimonio. La medida apropiada del sexo es la suma que satisface a los dos cónyugues.

Una Receta para una Mejor Vida Sexual

Si su coexistencia sexual ha desaparecido, puede requerir un poco de inversión y esfuerzo volver a ponerla en marcha. El mejor arreglo es moderadamente básico, aunque muy difícil para algunas parejas: Comience a discutir sobre sexo.

Ocúpese de los asuntos: tenga relaciones sexuales, sin importar si no está en el estado de ánimo. El sexo desencadena reacciones hormonales y de sustancias en el cuerpo y, independientemente de si no está dispuesto, es probable que llegue rápidamente una vez que comience.

Reserva unos minutos para el sexo: los cónyugues ocupados regularmente declaran que están irrazonablemente ocupados para el sexo, pero sorprendentemente, las personas realmente ocupadas parecen descubrir el tiempo para tener relaciones ilícitas. La verdad del asunto es que el sexo es útil para su relación. Hagalo una necesidad.

Charla: Pregúntele a su pareja qué necesita. Sorprendentemente, esta es la mejor prueba que enfrentan las parejas con respecto a reiniciar sus experiencias sexuales.

Las dos propuestas iniciales son claras como el día, sin embargo, ¿qué tal si dejamos de lado un esfuerzo para investigar el tercer paso: conversar con su pareja sobre el sexo? El Dr. Hatfield de la Universidad de Hawái es uno de los pioneros de la ciencia de las relaciones. Creó la escala de Amor apasionado que investigamos antes en esta guía. Cada vez que la Dra. Hatfield dirigió una progresión de reuniones con personas sobre sus necesidades sexuales, descubrió que las personas comparten mucho más en la práctica de lo que entienden, simplemente tienden a no hablar de sexo entre ellas. Aquí hay un ejercicio sencillo que depende del examen del Dr. Hatfield que podría afectar enormemente su convivencia sexual:

Busque Dos Pedazos de Papel y Dos Bolígrafos.

En este momento, acomódese con su pareja para que cada uno de ustedes pueda registrar cinco cosas que necesitan una mayor cantidad durante el sexo con su pareja. Las respuestas apropiadas no deberían ser actos sexuales minuciosos (a pesar del hecho de que eso está bien si es crítico para usted). En un mundo perfecto, sus respuestas deben concentrarse en los comportamientos que desea: ser gruñón, sentimental, delicado, difícil o valiente.

Si se parece a las parejas en el examen del Dr. Hatfield, es posible que comparta innegablemente más para todos los intentos y propósitos en lo que respecta a las necesidades sexuales de lo que entienden. Aquí están las respuestas apropiadas que dieron las parejas del Dr. Hatfield.

¿Qué tal si vemos lo que las parejas compartieron para todos los propósitos? Los dos cónyuges necesitaban encanto, pautas y experimentación.

La diferencia fundamental para las personas es el lugar donde comienza la necesidad sexual. Los hombres necesitaban a sus parejas para comenzar a tener relaciones sexuales con mayor frecuencia y estar menos restringidos en la habitación. Sin embargo, para las mujeres, el comportamiento fuera de la habitación también marcó la diferencia. Necesitaban que su pareja fuera más atractivo, útil en sus vidas, y necesitaban amor y cumplidos en toda la habitación.

Permanecer Fiel

Las personas pueden prepararse para asegurar sus conexiones y elevar sus sentimientos de responsabilidad.

¿Sería capaz de predecir la infidelidad?

En cualquier año, alrededor del 10 por ciento de las personas casadas, el 12 por ciento de los hombres y el 7 por ciento de las mujeres, afirman que han tenido relaciones sexuales fuera de su matrimonio. Los ritmos moderadamente bajos de duplicación anual cubren el ritmo mucho más alto de estafa de por vida. Entre los individuos, más de 60, alrededor de uno de cada cuatro hombres y una de cada siete mujeres reconocen que alguna vez han sido infiel.

Varias investigaciones en las dos entidades y personas recomiendan que podría haber una parte hereditaria en la infidelidad. Si bien la ciencia presenta una defensa convincente de que hay una parte hereditaria para engañar, también nos damos cuenta de que las cualidades hereditarias no son el destino. Además, hasta que haya una prueba de calidad rápida para decidir el peligro de traición de su pareja, la discusión sobre las cualidades hereditarias de la infidelidad no es especialmente útil para nadie.

Hay algunos atributos de carácter que se sabe que están relacionados con el engaño. Un informe en "The Archives of Sexual Behavior" encontró que dos atributos anticipaban el peligro de infidelidad en los hombres. Los hombres que son estimulados efectivamente (llamado "afinidad por la excitación sexual") y los hombres que están excesivamente preocupados por la decepción de la ejecución sexual están obligados a ser infieles. El descubrimiento se origina en una investigación de casi 1,000 personas. En el ejemplo, el 23 por ciento de los hombres y el 19 por ciento de las damas anunciaron que estaban socavando sistemáticamente a su pareja.

Para las mujeres, los principales indicadores de infidelidad fueron la felicidad en la relación (las mujeres que están molestas en su relación son dos veces más propensas a hacer trampa) y están explícitamente fuera de sincronía con su pareja (una circunstancia que hace que las mujeres sean muchas veces más propensas a engañar que las damas que se sienten explícitamente perfectas con sus parejas).

Asegure su Relación

1. Planificación de la tentación. Las personas pueden crear procedimientos de adaptación para seguir dedicandose a una pareja.

   Una progresión de estudios extraordinarios conducidos por John Lydon, analista de la Universidad McGill en Montreal, observó cómo las personas en una relación sujeta responden incluso con encanto. En una investigación, se solicitó a personas casadas profundamente dedicadas que calificaran la calidad del compromiso de los individuos del sexo opuesto en una serie de fotografías. Como cualquiera podría esperar, dieron las valoraciones más notables a aquellas personas que comúnmente podrían considerarse atractivas.

   Luego, se les mostraron fotografías similares y se les dijo que el individuo estaba deseando obtenerlas. En esa circunstancia, los miembros dieron a esas fotos puntuaciones más bajas que las que habían obtenido en la primera visita.

Cuando fueron atraídos por alguien que puede socavar la relación, parecieron intuir que sabían: "No es tan bueno". "Cuanto más dedicado sea", afirmó el Dr. Lydon, "menos atractivo es descubrir a otros individuos que socavarán su relación".

Otros analistas de McGill afirmaron diferencias en la forma en que las personas responden a tales peligros. En uno de ellos, se adquirieron atractivos animadores o personajes en pantalla para jugar con los miembros del estudio en un área de descanso. Después, se les preguntó a los miembros sobre sus conexiones, especialmente cómo reaccionarían ante el horrible comportamiento de una pareja, como llegar tarde y no llamar.

Los hombres que recientemente habían sido objeto de burla fueron menos indulgentes con el terrible comportamiento teórico, recomendando que el atractivo animador había agotado inmediatamente su responsabilidad. En cualquier caso, las damas que habían sido objeto de burla estaban obligadas a perdonar y racionalizar al hombre, recomendando que su anterior burla había provocado una reacción defensiva al examinar su relación.

"Creemos que los hombres en estos exámenes pueden haber tenido responsabilidad, sin embargo, las mujeres tuvieron el curso de acción de emergencia — la opción de apelación activa la alerta", dijo el Dr. Lydon. "Las damas ciertamente codifican eso como un peligro. Los hombres no."

La investigación también analizó si un individuo puede estar preparado para oponerse a la tentación. El grupo provocó que los hombres que estaban en una relación amorosa se encontraran con una mujer atractiva al final de la semana cuando sus novios no estaban. Una parte de los hombres se acercaron para construir un curso de acción alternativo rellenando la frase "Cuando ella se acerque a mí, voy a _____ para asegurar mi relación".

Como los especialistas no podían conseguir moralmente una dama genuina para que les sirviera de estímulo, recrearon un juego de simulación generado por computadora en el que dos de cada cuatro habitaciones incluían imágenes subliminales de una dama seductora. Una gran parte de los hombres que habían trabajado en la atracción opuesta evitaban las habitaciones con damas seductoras; sin embargo, entre los hombres que no habían pulido la obstrucción, dos de cada tres se inclinaban hacia la sala de atracción.

Obviamente, es un estudio de laboratorio y, en general, no nos revela lo que puede suceder en realidad con una mujer o un hombre genuino que lo inciten a alejarse de su relación. Sea como fuere, si se estresa puede estar indefenso contra el atractivo en una excursión al trabajo, practique la obstrucción, recordándose los medios que tomará para mantenerse alejado de la tentación y asegurar su relación.

2. Mantenga su relación interesante. Los investigadores plantean la hipótesis de que su grado de deber puede depender de cuánto una pareja mejore su vida y expanda sus perspectivas — una idea que el Dr. Aron, el educador

de ciencias del cerebro de Stony Brook, llama "autoextensión".

Para cuantificar esta cualidad, a las parejas se les plantea una serie de preguntas: ¿cuánto le da su pareja una fuente de encuentros energizantes? ¿Qué cantidad le ha llevado a comprender que su pareja le ha convertido en un individuo superior? ¿Qué cantidad considera que es como un enfoque para hacer crecer sus propias habilidades?

Los especialistas de Stony Brook dirigieron las pruebas utilizando ejercicios que animaron el autodesarrollo. Algunas parejas recibieron recados ordinarios, mientras que otras participaron en un ejercicio sin sentido donde se integraron y se les pidió que se arrastraran sobre alfombras, conduciendo la cámara con sus cabezas. La investigación se arregló para que las parejas bombardearan lo más posible en los dos intentos iniciales, pero apenas lograron hacerlo en el tercero, lo que provocó un gran festival.

A las parejas se les hicieron pruebas de relación cuando finalizaron. Los individuos que habían participado en la difícil acción registraron incrementos más notables en la adoración y el desarrollo de la relación que los individuos que no habían experimentado el triunfo juntos. Los científicos estiman que las parejas que investigan nuevos lugares e intentan nuevas cosas se aprovecharán de los sentimientos de auto-desarrollo, elevando su grado de deber.

3. Mantenga una distancia estratégica para la oportunidad. En una revisión, los terapeutas de la Universidad de Vermont preguntaron a 349 personas en conexiones

presentadas sobre sueños sexuales. Completamente el 98 por ciento de los hombres y el 80 por ciento de las mujeres anunciaron haber imaginado una experiencia sexual con alguien que no era su pareja en los últimos dos meses. La pareja más prolongadas era una sola, casi seguro que los dos cónyugues iban a reportar tales sueños.

Sea como fuere, hay una gran diferencia entre fantasear sobre la traición y terminar realmente. El factor de riesgo más fundamentado para la infidelidad, según descubrieron los analistas, no existe dentro del matrimonio sino fuera: la circunstancia.

Durante un período considerable de tiempo, los hombres normalmente han tenido la mayor probabilidad de engañar a su pareja debido a largos períodos de tiempo en el lugar de trabajo, viajes de negocios y autoridad sobre los fondos familiares. Sea como fuere, hoy en día, las dos personas pasan horas en el lugar de trabajo y viajan por negocios. Además, a pesar de las mujeres que permanecen en casa, los teléfonos celulares, el correo electrónico y los mensajes de texto tienen todas las características de permitirles enmarcar conexiones cada vez más indirectas fuera de sus relaciones. Posteriormente, su oportunidad más obvia de devoción es restringir las aberturas que puedan permitirle desviarse. Las personas sujetas a su relación se mantienen alejadas de circunstancias que podrían provocar decisiones terribles – como hospedaje en bares y tardes con los socios.

4. Imagine a su amante. Todos nos damos cuenta de que a veces, cuanto más intenta oponerse a algo, como un postre o un cigarrillo, más lo desea. Los especialistas en relaciones afirman que una directriz similar puede afectar a un

individuo que ve a un hombre o una mujer que está interesado en ellos. Cuanto más considere oponerse a esa persona, más tentadora se volvera para usted. En lugar de hacerse saber "Sé grande. Oponte", el mejor procedimiento es comenzar a considerar a la persona que aprecia, la cantidad que te quiere y lo que agrega a su vida. Concéntrese en adorar las contemplaciones y el deleite de su familia, no el deseo sexual de su pareja: el objetivo aquí es reprimir el deseo sexual, no despertarlo.

Capítulo 3 - Acumulación de Hábitos

¿Qué es el Acumulación de Hábitos?

La humanidad no debe actuar moralmente correcta sólo porque sea para el beneficio general de la sociedad. La razón de esto es porque la moral forma un aspecto esencial para mantener la identidad de las personas que viven en una comunidad. Existe una estrecha relación entre el desarrollo personal y la moralidad, y los psicólogos en la actualidad consideran que la moralidad cambia correspondientemente con el desarrollo personal. Los gestos y comportamientos de los individuos dentro de la sociedad dependen de su capacidad de actuar moralmente correctos.

Reconocidos psicólogos como Jean Piaget, Elliot Turiel y Lawrence Kohlberg afirman que la moral se desarrolla a través de etapas cognitivas en la vida de un individuo. La razón de esto es porque el individuo accede a diferentes niveles de información a medida que crece, madura y se vuelve más inteligente. La necesidad de actuar de manera moral, no debe ser para el beneficio de la comunidad en general, sino también para las etapas de desarrollo en el individuo. La moral en un individuo continúa desarrollándose mientras interactúa con otros en la sociedad, y esto es crucial para determinar sus comportamientos y actitudes.

Las personas no deben actuar de manera moral solo en beneficio de la sociedad porque tiene una influencia significativa en la auto-imagen moral de un individuo. Los miembros de la comunidad siempre intentan actuar de manera moral debido a un sentido de responsabilidad y colectividad. Mantener una buena auto-imagen moral influye en el comportamiento de un individuo porque lo hace sentir seguro o lo priva de él. La confianza en la auto-imagen de un individuo tiene un impacto en la forma en que se socializará con el resto de la comunidad.

Existe una relación muy estrecha entre la moral y la religión en la sociedad. Las personas no deberían elegir actuar de manera moral simplemente porque es una ventaja general de la sociedad. Las enseñanzas religiosas muestran que la moralidad debe ser el tejido de todas las comunidades que viven en el mundo porque el buen comportamiento acerca a los seres humanos a Dios. Establecer un buen ejemplo desde un sentido individual crea conciencia para todos los miembros de la comunidad. Todas las religiones enfatizan el hecho de que la personalidad de Dios es la de un Santo, y los seres humanos siempre deben tratar de replicar esto a medida que fueron hechos a su imagen y semejanza.

Las religiones han demostrado ser críticas en el tratamiento de diferentes dilemas morales que afectan a la sociedad. El hinduismo, por ejemplo, especifica que matar está mal, pero hay circunstancias en la vida donde podría estar justificado. Dichas justificaciones son posibles gracias a una comprensión más amplia de la religión, a pesar del hecho de que no hay sinonimia entre religión y moralidad. La vida de cada individuo debe ser considerada al tomar decisiones cruciales, y esa es la razón por la cual las religiones como el hinduismo reconocen al individuo sobre toda la comunidad cuando es necesario.

Esto es una prueba más del hecho de que las personas no deberían actuar moralmente correctos solo por el beneficio de la comunidad. Su propia capacidad para vivir e interactuar con todos los demás en el mundo dependerá de su capacidad para desarrollar comportamientos morales. Los sistemas de valores religiosos y morales solo coexisten porque los principios ofrecen un reflejo de la forma en que la humanidad debe conducir sus vidas. Los marcos teóricos contemporáneos como el humanismo y el pensamiento libre también exhiben signos de sinonimia con la religión. La razón de esto es porque enfatizan que la sociedad solo puede progresar a través de la fe y la contribución de cada individuo.

Las personas tampoco deberían considerar actuar moralmente solo para el beneficio general de la sociedad porque el progreso humano y la libertad dependen de ello. Varias personas en el mundo desean ser verdaderamente libres de cualquier sistema que les pese la vida, pero la definición de libertad a veces es confusa. Según el filósofo Immanuel Kant, los seres humanos son racionales y, por lo tanto, capaces de una verdadera libertad. Cuando las personas actúan libremente, están cumpliendo un deber en la sociedad porque no hay inclinación a sus acciones. Esto significa que actuar de manera moral ayuda a un individuo a desarrollar su propia comprensión del mundo sin beneficiar directamente a la comunidad en general.

Las acciones morales proporcionan un sentido del deber en las personas que proporcionan una motivación adicional para ser responsables. La moral hace que las personas trabajen de manera coordinada, y esto siempre ofrece la esperanza de un futuro brillante. Actuar de manera moral es beneficioso para un individuo porque ayuda a crear un sentido de propósito en la vida a través de la unión con otras personas. La experiencia de la vida se vuelve mucho más emocionante y tolerable cuando se actúa de manera moral porque se hace más fácil socializar e interactuar con otras personas.

Las acciones morales ayudan a inspirar el progreso colectivo y la evolución en los individuos. El cambio es la única constante en el mundo que determina cómo se forman y sobreviven las sociedades a través de los tiempos. La consecuencia directa es que las personas solo pueden lograr un verdadero progreso personal actuando de manera moral porque une a todos. Las civilizaciones y las sociedades modernas no habrían podido formarse a través de la historia si no hubiera un sentido de moralidad en las sociedades humanas. La razón de esto es porque actuar de manera moral proporciona al individuo una idea de la necesidad de trabajar juntos para superar la vida.

Las personas no deben actuar moralmente solo porque es una ventaja general para la sociedad, ya que la verdadera felicidad está determinada por las acciones morales. Los psicólogos sugieren que los actos morales como la bondad y la fidelidad crean una sensación de paz y pertenencia en los individuos. La verdadera felicidad en la vida solo se puede lograr a través del amor, y esto inspira a un individuo a realizar acciones morales. Las acciones morales ofrecen un sentido de propósito y deber, y este sentido de responsabilidad proporciona felicidad genuina en la vida de un individuo. El beneficio directo para la comunidad es obvio porque tales individuos pueden interactuar muy bien con la sociedad, pero realizar acciones morales también proporciona una sensación de alegría por vivir la vida.

Creo que tengo un buen carácter moral porque mi idea de integridad se basa en la bondad, el respeto mutuo y el amor. Una persona de alta integridad, según yo, es alguien que está listo para ayudar a otros y mostrar un alto nivel de amabilidad a pesar de que no están siendo recompensados por sus esfuerzos. Del mismo modo, un individuo que puede respetar no solo a las personas que lo rodean, sino también al entorno natural, entonces ese individuo es digno de una alta integridad según yo.

Las virtudes que practico son la templanza y la justicia porque creo que debemos tratarnos a nosotros mismos y a los demás de manera respetuosa. Creo que afirmar el estado de justicia en la sociedad es importante, y esto da como resultado una templanza entre la población que es buena para la productividad. Las virtudes que aspiro a practicar son el coraje y la prudencia; El coraje se refiere a la valentía interior para afrontar desafíos difíciles sin renunciar. La prudencia se refiere al acto de ser cauteloso, y esto se refleja en mi renovado interés por siempre investigar y buscar conocimiento antes de tomar decisiones.

La teoría ética que trato de seguir es la teoría de la ética de Kant que enfatiza las acciones morales que se caracterizan por cumplir con las responsabilidades / deberes del individuo. Según la teoría, la decisión entre el bien y el mal está determinada por si la acción específica cumplió un deber predeterminado. Por lo tanto, la consecuencia general de la acción no determina si es correcta o incorrecta, y ser bueno está determinado por la ley moral que se aplica a todos, independientemente de sus intereses. Por lo tanto, esta teoría ética enfatiza la necesidad de tratar a todos por igual en la sociedad como una medida de ser bueno y moralmente respetable en la sociedad.

Creo que la ética juega un papel muy importante en mi vida porque no sería posible para mí ser feliz sin tratar de ser ético. La ética no se trata solo del individuo, sino de sus interacciones con el resto de la comunidad y de cómo contribuyen al progreso general. Ser ético significa que el individuo es productivo porque puede contribuir respetuosa y felizmente al desarrollo y al avance de la comunidad. Sé que sería infeliz si intentara vivir sin tratar de ser ético porque todos los demás también me tratarían mal.

Valoro la ética en mi vida también porque me permite crecer como individuo moral y espiritualmente. Cuando un individuo se comporta de manera ética, puede aprender más sobre su comunidad e interactuar con un número cada vez mayor de personas. Al ser ético, puedo lograr mis objetivos con facilidad porque puedo interactuar con diferentes personas e instituciones con éxito. Ser ético es directamente responsable de que progrese en mi comprensión de la sociedad y de la mejor manera de contribuir a los avances.

La ética me ha proporcionado un conjunto de códigos morales que ofrecen una guía adecuada para cada acción que tomo. Como resultado de mi comprensión y valor para la ética, soy capaz de realizar diferentes actividades y administrar mi comportamiento de manera respetuosa. Un enfoque ético de la vida me ha permitido desarrollar mi carácter y respeto por otras personas en la sociedad. Puedo hacer amigos de todas las esferas de la vida, y atribuyo esto a valorar altamente la ética en mi ser, ya que juega un papel cada vez más importante para influir en mi vida ahora y en el futuro.

Cómo Aplicar el Acumulación de Hábitos a su Vida

Los hábitos son un enfoque innovador para hacer cambios positivos en su vida. La prueba incluye nuevos hábitos y pone fin a las propensiones desafortunadas.

Sea como fuere, puede apilar el mazo de hábitos para apoyarse. Más inequívocamente, puede estructurarse para progresar apilando hábitos, o hábitos para apilarlos. La acumulación de hábitos es solo conectar una cadena de pequeñas actividades en un horario diario, donde la totalidad del todo es más que las piezas.

Desarrolle el Hábito de Seguir la Rutina

La forma de acostumbrarse a apilar los hábitos es desarrrollar el hábito de realizar la práctica diaria. La rutina debe consolidar los hábitos en un flujo directo que pueda realizar. La reiteración le permitirá crear los hábitos. En general, se trata de recurrencia y transmisión.

La forma de apilar los hábitos es adherirse al programa diario en lugar de los hábitos individuales. Necesita pasar naturalmente de una actividad directa a la siguiente sin considerar cada parte individual. Por eso es imperativo crear el hábito de seguir el programa diario.

Cuando esté listo para desarrollar los hábitos sin interrupciones o vacilaciones, ese es el punto en el que se da cuenta de que ha desarrollado una costumbre de acumulación de hábitos increíble.

Aquí están las 8 etapas para estructurar un programa de acumulación de hábitos;

1. **Elija una Hora y un Lugar.**
    Construya un horario diario alrededor de un área específica, hora del día o una combinación de ambos.

2. **Construya una Rutina a la Vez.**
    Concéntrese en cada programa diario, ya que disminuye la medida del consumo de su resolución. Se sugiere que se centre en una nueva práctica diaria durante un mes antes de poner en marcha cualquier mejora o incremento.

3. **Empiece con "Pequeños Triunfos".**
    Mire a través de los territorios en su vida donde los pequeños éxitos le devolverían el dinero. Las 7 clases de hábitos son:

    - Conexiones
    - Recreación
    - Asociación
    - Rentabilidad
    - Fondos
    - Bienestar / bienestar físico
    - Otro mundo / prosperidad

4. **Haga una Lista de Verificación Lógica.**

Haga una agenda básica de sus hábitos y actividades requeridas para lograr cada hábito. Se sugiere que los hábitos cooperen y fluyan sin problemas. También se sugiere que su agenda de hábitos refleje el movimiento comenzando con una habitación y luego a la siguiente para mantener el flujo de avance.

5. **Tener una "Motivación detrás del por qué".**

   Tenga una justificación válida del por qué detrás de cada actividad individual con el objetivo de que no se detenga. Algunas personas reciben procedimientos de acumulación de hábitos para permitirles vivir más, mientras que otros los aceptan para invertir más energía con sus familias

6. **Sea Responsable.**

   Es cada vez más simple no hacer nada que hacer un movimiento. Refrescando a las personas en nuestro avance para permitirle quedarse con él. Por ejemplo, Scott probó una balanza que tuitea su peso.

   Sea como fuere, otro enfoque para seguir siendo responsable es estructurarlo. Tener precaución en su teléfono para que empiece a utilizar su horario todos los días. Intente la aplicación de levantamiento en base a que funciona admirablemente.

7. **Haga Pequeñas y Agradables Recompensas.**

   Recompénsese con pequeños obsequios por superar su horario todos los días durante una semana o un mes. Se prescribe que mantenga poca la recompensa y elija compensaciones que tengan una influencia positiva a largo plazo, por ejemplo, una película, una salida nocturna o un pequeño obsequio sólido.

8. **Concéntrese en la Repetición.**
   La repetición de la rutina ayuda a aumentar su memoria muscular. La repetición es clave para los primeros 30 días del acumulación de hábitos.

Caso de una Rutina de Acumulación de Hábitos Productiva

Establecer un comodín para la tarea principal. (Motivo: me gusta trabajar en pequeños intervalos de tiempo.

Auditar mis objetivos trimestrales. (Razón: revisar los objetivos de tres meses una vez al día me alienta a concentrarme en mis empresas más importantes).

Como debería ser obvio, Scott se fortalece realizando pequeñas actividades, abandonando un hábito a lo siguiente y teniendo una motivación detrás del por qué, de modo que se da cuenta de lo que está tratando de lograr y por qué lo está haciendo.

Identificar mis tres empresas más significativas. (Motivo: si bien tengo una larga lista de todo lo que debería estar terminado durante la semana, me gusta concentrarme en lograr un par de verdaderas 'victorias' para cada día).

Guiar los pasos de la actividad y los logros específicos para cada empresa. (Razón: debería ser exacto con las diligencias más significativas. En lugar de registrar una explicación poco clara, por ejemplo, 'intentarlo con en el próximo libro', registro los resultados específicos que me gustaría lograr).

Comenzar con el recado más molesto. (Motivo: como hemos examinado, cuando te centras en la tarea más difícil primero, el resto del día no parece tan difícil. Para mí, ese recado subyacente consistentemente incluye algún tipo de composición).

Investigué los 100 principales libros gratuitos y de pago en el escaparate de Kindle. (Motivo: desde el punto de vista comercial, es imprescindible controlar lo que se vende ahora en mi mercado).

Específicamente, escribo en intervalos de 25 a 50 minutos, utilizando una adaptación modificada de las Técnicas del comodín. Esta es una forma más en la que puedo concentrarme en el trabajo que hay que hacer).

Despejar mi área de trabajo. (Motivo: me gusta comenzar a trabajar con un área de trabajo ordenada. Por fin eso me anima a permanecer concentrado en tareas específicas y no desviarme).

Gestión de Inconvenientes y Desafíos Durante el Acumulación de Hábitos

Se producirán percances, resbalones, desvíos e interrupciones. La pregunta es, ¿qué hará al respecto? En cualquier caso, una pregunta superior es, ¿de qué manera se reenfocará rápidamente cuando sea necesario?

Tiene que darse cuenta de cómo manejar los inconvenientes y cómo reenfocar.

Hay un par de procedimientos clave para permitirle manejar los inconvenientes y reenfocar:

Procedimiento 1: Reduzca las expectativas generales. Una cantidad excesiva de peso sobre usted puede causar una respuesta negativa. Por el contrario, centrese en la base, se concentra en los hábitos que son generalmente significativos.

Procedimiento 2: Tenga un plan If-Then. Se producen inconvenientes. Su responsabilidad es hacer un arreglo para cuando ocurran esos detonantes. Reconozca que ocurren interrupciones y no se debilite. Además dice que se disculpe rápidamente y siga adelante para que pueda reenfocarse.

Procedimiento 3: Comience pequeño (de nuevo). Comenzar una vez más puede ser desalentador, sin embargo, eso es lo que hay que hacer para tener éxito. Busque pequeños éxitos y concéntrese en cumplir con su práctica diaria en lugar de concentrarse en la duración de la misma. Puede incluir más hábitos después de tener un manejo firme de su horario diario.

Procedimiento 4: Conozca los factores desencadenantes. Para hacer un plan If-Then debe conocer sus factores desencadenantes. Sus desencadenantes o detonantes son las desviaciones y las desafortunadas propensiones que lo desvían de su camino o lo que estaba haciendo. Controle sus hábitos negativos para permitirle desarrollar su práctica diaria.

Beneficios del Acumulación de Hábitos

Ejercicio, reflexión, preparación de fiestas, diario y lectura. ¿Qué comparten estas cosas en la práctica? Son pequeños hábitos que he adoptado para permitirme ser progresivamente beneficioso, vivaz y estimulado.

Mis mañanas incorporan tiempo para la reflexión, una dieta inteligente y cuidado, sin embargo, no fue siempre fue así.

Todo comenzó cuando elegí practicar antes que nada. Esto implicaba que necesitaba convertirme en un individuo matutino.

Después de un rato, practicar en la primera parte del día se convirtió en un hábito que asentó la base para diferentes hábitos: comencé a decidirme sobre mejores decisiones sobre mi alimentación, comencé a preparar la cena, comencé a beber más agua.

Apilé un hábito tras otro.

¿Qué es el Acumulación de Hábitos?

La acumulación de hábitos significa desarrollar un hábito y apilar otro hábito encima. El nuevo hábito puede estar relacionado con una desviación, o muy bien puede ser un hábito totalmente diferente que necesita crear. La idea es que comience poco a poco y acumule un hábito tras otro.

Ajuste SU RUTINA:

Organizar su horario matutino ayuda a establecer el ritmo para el resto del día: le permite entrar en la mentalidad correcta, aumentar la velocidad hacia un día mejor y aumentar su satisfacción personal general. Las investigaciones realizadas demuestran que los individuos matutinos son cada vez más proactivos en sus vidas. Como lo indica la Journal of Applied Social Psychology, las personas que, en general, se levantan a tiempo alrededor de una hora similar en los días de semana y los fines de semana tienen una "capacidad más prominente de hacer un esfuerzo para cambiar una circunstancia y aumentar el beneficio potencial de uno".

Cómo Funciona el Acumulación de Hábitos

1. Identifique un hábito que necesite crear y sea específico sobre su actividad:

Con respecto a la creación de un hábito, absténgase de dudar sobre lo que desea lograr. Por ejemplo, en lugar de decir: "Necesito leer un libro cada mes", registre su hábito de una manera cada vez más sólida, "Necesito leerlo durante 20 minutos todos los días". O "Necesito leer detenidamente durante una hora los domingo por la mañana". Es posible que tenga un objetivo como principal preocupación, pero convertirlo en un hábito puede permitirle alcanzar o incluso superar su objetivo y capacitarlo para mantener ese hábito durante un período de tiempo más prolongado.

2. Busque el momento ideal para terminar el hábito:

Prepárese para el progreso y ubique un momento sensato en su día para fusionar su hábito. Por ejemplo, aprecia levantarse antes de lo programado para hacer ejercicio, sin embargo, también me se da cuenta de que una sesión de campamento de entrenamiento a las 5 a.m. es mucho para usted. No se siente tan apasionado y consciente como para conducir su cuerpo durante una sesión de tiempo, entonces también implica que necesita despertar alrededor de las 4:30 a.m. para ponerlo en marcha. Más bien, se adhiere a una sesión a las 6 a.m., ya que está obligado a estar consciente durante ese tiempo, cada vez más inclinado a expandir su actividad y completarla.

3. Desarrolle y continue el progreso de su hábito:

Crear otro hábito requiere cierta inversión. Aquí hay un par de cosas que puede hacer para seguir siendo responsable, entusiasmado y positivo mientras intenta establecer otro hábito.

Aplicaciones: intente utilizar algunas mejoras para el hábito y seguir las aplicaciones, por ejemplo, Productivo, Hoy, o Listo. Estas aplicaciones lo ayudan a ver su mejora a largo plazo, lo capacitan para construir una racha y lo hacen sentir alegre después de completar un hábito.

Horario o diario: llevar un diario o un horario y observar cómo se siente son enfoques increíbles para considerarse responsable y evaluar su avance. Piense en utilizar el Planificador de la Pasión o el Planificador del Panda que ayuda a complementar y potenciar sus esfuerzos para la formación de hábitos.

Compañero de responsabilidad: identifique a un compañero de responsabilidad, ya sea cara a cara, por teléfono o almacenando contenidos. Establezca una llamada semanal o reúnase con un compañero para registrarse y vigilar su desarrollo o cree un contenido de recopilación con personas que puedan mantenerlo persuadido y ayudarlo a recordar por qué comenzó.

4. Cuando desarrolle otro hábito, identifiquelo:
Un hábito fundamental es un hábito que desencadena otros buenos hábitos. Por ejemplo, practicar es un hábito fundamental que puede causar otros ejemplos positivos en su vida. Un hábito fundamental desencadena un cambio general.

Por ejemplo, los especialistas en familias estatales que comen juntos parecen criar a los niños con mejores aptitudes para el trabajo escolar, evaluaciones más altas, muestran un control apasionado más prominente y demuestran mayo certeza. La idea es que un pequeño hábito puede transmitirse a otros grandes hábitos.

Practicar cada día podría permitirle sentirse menos concentrado, progresivamente vivaz y ayudarlo a comer mejor.

Su Acumulación de Hábitos en Efecto

Mis hábitos matutinos tienen una razón o importancia específica: me hacen sentir optimista, me dan un punto de vista edificante en la vida y me preparan para el progreso. Esta es sólo una pequeña descripción de cómo he acumulado mis hábitos matutinos.

Una de mis cosas preferidas en mis hábitos matutinos incluye escribir un diario o componer, ya que tengo la oportunidad de registrar mis propósitos y objetivos para la tarde.

Consejos para el Éxito en el Acumulación de Hábitos

Hay un par de cosas que puede hacer para ayudar con el avance de su hábito.

Pruebe la consistencia: un horrible festín no le hace ser indeseable, al igual que un plato de verduras mixtas no le hace un buen individuo. Es su acto principal después de un tiempo lo que importa. Si no hace su hábito algún día, no sea tan duro consigo mismo y recuerde que la consistencia es lo más importante en todo el asunto.

Mantenga una distancia estratégica de la auto-agresión: Lo ha estado haciendo extraordinario con la práctica y la creación de alternativas de sustento sólidas. Trate de no interrumpir sus esfuerzos comiendo cinco cortes de pizza, un saco de papas fritas y un paquete de golosinas. Los avances graduales son la forma de progresar al enmarcar un hábito. Comience poco para no prepararse para la decepción.

Comience ahora: ¿necesita comenzar a hacer ejercicio? Comience a fabricar su hábito cuando diga que necesita hacerlo. Obtenga las zapatillas de correr, pruebe distintas prendas de vestir y programe o solicite aplicaciones para mantenerlo responsable y controlar su desarrollo.

Enfoque para Apilar Hábitos en la Mañana

Su mañana a partir de ahora comprende hábitos, por ejemplo, preparar la cama o leer las noticias. Aquí hay algunas pequeñas aproximaciones a los hábitos de la mañana.

- Descanso: acuéstese a una hora razonable y levántese al mismo tiempo de forma consistente sin necesidad de hacer un Descanso.
- Objetivos: escriba tres compromisos que le gustaría lograr todos los días.
- Bienestar: haga ejercicio durante 30 minutos todos los días.
- Sustento: comer un desayuno nutritivo.

Estos hábitos pueden ayudar a garantizar que esté bien renovado, estimulado, menos presionado y preparado para manejar todos los días con la actitud y la razón correctas.

Capítulo 4 – Autodisciplina

¿Qué es la Autodisciplina?

El auto-control se muestra en diferentes estructuras, por ejemplo, constancia, limitación, perseverancia, pensar antes de actuar, terminar lo que comienza a hacer, y tiene la capacidad de hacer sus propias elecciones y planes, sin tener en cuenta la carga, las dificultades o los elementos disuasorios.

El auto-control también implica discreción, la capacidad de esquivar la desafortunada abundancia de cualquier cosa que pueda provocar resultados negativos.

Uno de los atributos principales del auto-control es la capacidad de prescindir del momento y la pronta gratificación y deleite, para una adición más notable o resultados más satisfactorios, independientemente de si esto requiere esfuerzo y tiempo.

El término auto-control con frecuencia causa cierta angustia y obstrucción, debido al pensamiento incorrecto de que es algo terrible, difícil de lograr y que requiere una gran cantidad de esfuerzo y sacrificio. Considerando todo esto, practicar y lograr el auto-control puede ser divertido, no requiere esfuerzos extenuantes, y las ventajas son extraordinarias.

El auto-control genuino definitivamente no es un estilo de vida correccional o prohibitivo como ciertas personas pueden sospechar, y no tiene nada que ver con ser extremista o vivir como un fakir. Es la declaración de la calidad interna y columna vertebral, crucial para gestionar los compromisos de la vida cotidiana y para el logro de los objetivos.

El auto-control, junto con la determinación, puede permitirle vencer la apatía, la pérdida del tiempo y la incertidumbre. Estas aptitudes hacen que sea posible hacer un esfuerzo y avanzar con él, independientemente de si la actividad es molesta y requiere sacrificio.

La moderación le permite practicar el equilibrio en lo que hace, ser progresivamente persistente, tolerante, comprensivo y amable. Del mismo modo, hace que soporte el peso exterior y el impacto.

Un individuo autodidacta es progresivamente confiable y pone más tiempo y esfuerzo en lo que hace.

Un individuo autodidacta está obligado a asumir la responsabilidad de su vida, establecer objetivos y encontrar la manera de lograrlos.

El auto-control está muy representado en la anécdota sobre la liebre y la tortuga, quienes dirigieron una carrera entre ellos.

La liebre se dio cuenta de que era más rápida, por lo que se permitió dormir en la carrera. Al mismo tiempo, la tortuga avanzó con dificultad, pero con resolución y auto-control, a la larga descubrió cómo llegar primero al objetivo final.

Al igual que la tortuga, con auto-control, puede completar lo que empieza.

Aquí hay un par de declaraciones sobre este significativo punto:

La moderación comienza con la autoridad de sus consideraciones. Si no controla lo que cree, no podrá controlar lo que hace. Simplemente, la moderación le permite pensar primero y actuar un poco más tarde.

El orden realmente implica nuestra capacidad de conseguir que hagamos cosas cuando no las necesitamos

La moderación es un tipo de oportunidad. Oportunidad de la lentitud y la pereza, la oportunidad de los deseos y solicitudes de los demás, la oportunidad de las deficiencias y el temor y la incertidumbre. La moderación le permite al lanzador sentir su distinción, su cualidad interna, su habilidad. Es un as, en vez de un cautivo de sus contemplaciones y sentimientos.

Durante bastante tiempo, nos enfrentamos a varias opciones. Un estado anormal de discreción nos permite encontrar la opción que es más útil a largo plazo. Esta capacidad nos hace resistir la tentación de elegir la opción más agradable o placentera. Decidir sobre el arreglo más fácil puede ser muy atractivo, pero solo por un breve período. En el momento en que se ve desde un punto de vista de largo alcance, considerando todo, ninguna de estas "opciones agradables" se suma a su prosperidad.

El peligro radica en que las elecciones que le alegran normalmente no afectan negativamente a su vida en una fracción de segundo cuando se toman de forma independiente. Siempre que se unan, sea como sea, el conjunto de todas estas elecciones no beneficiosas a corto plazo darán forma a su vida y, por fin, decidirá su destino.

- La Definición de Autodisciplina.
- La capacidad de prepararse y controlar su dirección.
- La capacidad de hacer las cosas que deben ser terminadas.
- La capacidad de controlar las propias emociones y deseos.

El auto-control retrata la calidad mental vital que se requiere para controlar los comportamientos, emociones y deseos. Si uno es autocontenido, demuestra que las emociones y los deseos propios se nivelan. Además, demuestra que uno puede despertarse para manejar las tareas y los problemas que deben ser atendidos. Si tiene un estado anormal de auto-control, no evitará las dificultades y las obstrucciones que lo obstaculizan.

Una Explicación sobre la Autodisciplina

El auto-control no solo representa la resolución fundamental requerida para hacer lo que se debe terminar. También caracterize la capacidad de resistir las tentaciones para alcanzar objetivos a largo plazo. Esencialmente, es su capacidad de ignorar todo lo que no se suma al logro de sus intereses. Esto incorpora contemplaciones, emociones y tentaciones. De hecho, el auto-control lo alienta a resistir la tentación de los ejercicios de distracción.

A pesar del hecho de que todos luchamos para que nos enseñen lo suficiente para realizar cosas desagradables, hay individuos que son más responsables de sí mismos que otros. Deberíamos examinar una parte del motivo principal por el que los individuos luchan por el equilibrio:

Los Motivos de la Falta de Autodisciplina

La motivación significativa detrás del por qué la gran mayoría lucha por actuar de manera natural se basa en una percepción errónea de la idea fundamental. La mayoría de las personas malinterpretan lo que realmente implica el equilibrio. Estas personas asocian el auto-control con algo insoportable o exagerado. Desean que el entrenamiento sea simple y placentero. En consecuencia, en cualquier momento que estas personas intenten ser entrenadas progresivamente, terminará siendo una batalla que simplemente no les parecerá apropiada. No les importa en absoluto, razón por la cual vuelven rápidamente a su rango habitual de familiaridad.

Este es el punto de vista significativo en el que estas personas no piensan con respecto al auto-control:

La única razón de la idea de control es hacer que las cosas se hagan, sin importar si es placentero o no.

Por lo tanto, la expectativa detrás de la moderación no es darle alegría y euforia. Su único objetivo es permitirle alcanzar sus objetivos a largo plazo. En cualquier caso, ¿por qué razón sería aconsejable que desarrolle algo que no le dé felicidad? El propósito detrás de esto es básico. Cada uno de sus esfuerzos y tormentos son remunerados una vez que hace realidad sus fantasías. Además, esta es simplemente la verdadera motivación detrás de por qué es tan ventajoso ser un individuo instruido adecuadamente. En general, puede no sentirse bien cuando se obliga a permanecer entrenado, en cualquier caso, su recompensa se le retribuirá.

¿Qué es el Auto-control?

La restricción se manifiesta en una amplia gama de estructuras.

Esto es lo que puede hacer si está luchando con el auto-control.

Como cuestión de primera importancia, intente evacuar el deseo de que algún día realmente le pueda gustar ser controlado. Gran parte del tiempo, no lo hará. Sea como fuere, si no anticipa que las cosas sean simples, seguramente continuará con la búsqueda de la enseñanza. A decir verdad, cuando anticipa que las cosas deberían ser difíciles, tendrá la opción de administrar las batallas que experimentará.

Además, es importante que se conduzca constantemente para mantener la discreción. Hacerlo le ayudará a establecer el hábito de estar controlado. Este hábito no afectará exclusivamente aspectos importantes de su vida; sin embargo, también le permitirá ampliar sus probabilidades de tener éxito.

Aquí hay algunas razones más por las cuales las personas necesitan equilibrio:

- El auto-control no es característico. Debe ser creado, fortificado y resuelto. En cualquier caso, la gran mayoría piensa que es difícil hacerlo como tal. Si no tiene la más remota idea de cómo desarrollar y fortalecer con éxito el equilibrio, será realmente difícil crearlo.

- Una mala interpretación de la discreción. Muchos ven erróneamente el auto-control como algo prohibitivo y difícil. Consideran que es habitual y dudan en reforzarlo.

- El reconocimiento de la decepción también puede agregarse a la ausencia de discreción. En el momento en que las personas puedan vivir con la posibilidad de fracasar, será difícil mantener el auto-control.

- Atracciones. En general, todos los días enfrentamos diferentes tipos de atracciones. Rendirse a estas atracciones lleva después a un bucle sin fin. Si no tiene la resolución esencial para resistir estas tentaciones, será considerablemente difícil poner fin al hábito negativo.

- Ausencia de dirección. Un individuo que no tiene una visión genuina de la vida descubrirá que es cada vez más difícil cuidar el orden. En cualquier caso, si tiene una misión que necesita ver reconocida, seguramente tendrá el auto-control esencial para buscarla.

¿Qué tal si procedemos con el siguiente punto que nos ayudará a comprender mejor qué es el auto-control?

Beneficios de la Autodisciplina

Beneficios del Auto-control

El auto-control es una de las habilidades más significativas y útiles que todos deberían tener. Esta capacidad es fundamental en cada problema cotidiano y, sin embargo, la gran mayoría reconoce su importancia, no muchos planean algo para fortalecerla.

A pesar de la convicción habitual, el auto-control no significa ser brutal hacia uno mismo o continuar con un estilo de vida restringido y prohibitivo. El auto-control implica moderación, lo cual es una indicación de la calidad interna y el control de usted mismo, sus actividades y sus respuestas.

El auto-control le permite adherirse a sus elecciones y terminarlas, sin alterar su perspectiva y es, de esta manera, una de las necesidades importantes para lograr los objetivos.

La posesión de esta habilidad le permite soportar sus elecciones y planes hasta que los consiga. Además, se manifiesta como una cualidad interna, ayudándole a vencer las adicciones, el estancamiento y la apatía, y a terminar lo que sea que haga.

Desarrollar fuerza de voluntad y autodisciplina

Comience a construir su fuerza de voluntad y autodisciplina

Dirección y actividades para estructurar la resolución y el auto control, conquistando la demora y la lentitud, recogiendo conclusiones y persistencia, y asumiendo la responsabilidad de su vida.

Desarrolle su fuerza de voluntad y autodisciplina

Uno de sus atributos principales es la capacidad de descartar la gratificación y el deleite del momento, para un aumento más notable, lo que requiere invertir esfuerzo y energía para obtenerlo.

El auto-control es uno de los elementos significativos de la realización. Transmite lo que debe ser de diversas maneras:

Persistencia.

La capacidad de no rendirse, a pesar de la decepción y las desgracias.

restricción.

La capacidad de oponerse a desvíos o tentaciones.

Intentando una y otra vez, hasta que consiga lo que se propuso a hacer.

La vida pone dificultades y problemas en el camino hacia el progreso y el logro, y para trascenderlos, debe actuar con diligencia y perseverancia, y esto obviamente requiere auto-control.

La propiedad de esta aptitud genera seguridad y confianza propia, y por lo tanto, alegría y satisfacción.

Por otra parte, la ausencia de auto-control provoca desilusión, desgracia, bienestar, problemas de conexión, peso, entre otros.

Esta experiencia también es valiosa para vencer los problemas dietéticos, las adicciones, fumar, beber y otros hábitos negativos. También lo necesita para sentarse y considerar, practicar su cuerpo, desarrollar nuevas aptitudes y para el desarrollo personal, profundo y la reflexión.

Como se dijo antes, la gran mayoría reconoce la importancia y las ventajas del auto-control, pero no muchos encuentran la manera de crearlo y reforzarlo. En cualquier caso, puede reforzar esta capacidad como alguna otra aptitud. Esto se hace a través de la preparación y las actividades, que puede descubrir en este sitio.

Beneficios e Importancia del Auto-control

El auto-control le anima a:

- Seguir intentando una aventura, incluso después de que la oleada de entusiasmo subyacente se haya desvanecido.
- Levantarse rápidamente al comenzar el día.
- Pensar con normalidad.
- Abstenerse de actuar sin pensar y con motivación.
- Satisfacer las garantías que se hace a sí mismo y a otras personas.
- Seguir con su rutina de alimentación, y oponerse a la tentación de comer en exceso para satisfacerse.
- Conquistar el hábito de observar mucha televisión.
- Derrotar la apatía y la vacilación.
- Empezar a leer un libro, hasta la última página.

Será más sencillo para usted reforzar su auto-control si:

Intente actuar y continuar como lo indican las elecciones que toma, prestando poca atención a la lentitud, la inclinación a demorarse o el deseo de rendirse y detener lo que está haciendo.

Comprenda su significado en su vida.

Puede fortalecer su auto-devoción sin importar si es frágil o no, con la ayuda de actividades básicas poco comunes, que puede ensayar en cualquier lugar o momento.

Sea consciente de su comportamiento indisciplinado y sus resultados. En el momento en que se desarrolle esta atención plena, se verá cada vez más convencido de la necesidad de implementar una mejora en su vida.

Cómo la Autodisciplina Puede Mejorar su Vida

No se puede reconocer ningún éxito, logro u objetivo cercano al hogar sin auto-control. Es el crédito más significativo que se espera que logre cualquier tipo de magnificencia cercana al hogar, brillantez atlética, virtuosismo en las expresiones de la experiencia humana o, en general, una ejecución notable.

¿Qué es el Auto-control?

Es la capacidad de controlar las propias fuerzas impulsoras, sentimientos, deseos y comportamiento el. Es tener la opción de rechazar la rápida alegría y la gratificación de momento para recoger el cumplimiento y la satisfacción a largo plazo de lograr objetivos más altos y progresivamente significativos.

Tener auto-control es tener la opción de decidirse por las opciones, tomar las actividades y ejecutar su estrategia, respetando poco los elementos disuasorios, inconvenientes o dificultades que puedan surgir en su dirección.

Sin lugar a dudas, ser disciplinado no significa vivir un estilo de vida restrictivo o prohibitivo. Tampoco significa renunciar a cualquier pretensión de todo lo que aprecia o dejar de divertirse y relajarse. Significa descubrir cómo concentrar su cerebro y energías en sus objetivos y aguantar hasta que se lleven a cabo. Del mismo modo, significa desarrollar una perspectiva mediante la cual sus decisiones conscientes lo guíen en lugar de sus sentimientos, patrones de comportamiento negativos o la influencia de los demás. El auto-control le permite alcanzar sus objetivos en un lapso de tiempo razonable y vivir una vida más precisa y satisfactoria.

El Método Más Efectivo para Desarrollar la Autodisciplina

Empiece con pasos graduales. Ningún procedimiento ocurre a mediano plazo. Del mismo modo, como requiere cierta inversión para fabricar músculo, también deje de lado algunos esfuerzos para crear auto-control. Cuanto más lo entrene y lo desarrolle, más enraizado se volverá. En el ejercicio, si intenta hacer demasiado, podría dañarle y tener dificultades. De la misma manera, acérquese lenta y cuidadosamente a la estructura del auto-control. En este sentido, comience por decidirse por la opción de seguir adelante y darse cuenta de lo que está por llegar.

Dese cuenta de lo que le despierta y cuáles son sus terribles detonantes. ¡Puede comenzar descubriéndose a ti mismo! A veces es difícil evitar los deseos y los anhelos, así que conozca las regiones donde su oposición es baja y cómo mantener una distancia estratégica de esas circunstancias. Si se da cuenta de que no puede evitar pasteles, papas fritas o diferentes seductores, evítelos. Intente no tenerlos cerca para provocarle momentos de deficiencias. Si además se da cuenta de que poner peso sobre usted mismo no le funciona, en ese momento establezca un dominio que respalde la estructura de auto-control en lugar de uno que lo socave. Expulse los seductores y rodease de cosas que le alivien y le den fortaleza, por ejemplo, lemas inspiradores e imágenes de lo que necesita lograr.

Dese cuenta además de lo que le da fortaleza y le impulsa. Su auto-control puede ir aquí y allá con sus niveles de vitalidad, así que toque música vigorosa para animarlo, moverse, reírse. Entrénese para apreciar lo que estás haciendo al ser vigorizado. Esto simplificará la actualización de comportamientos seductores y adecuados en su horario diario, que es realmente de lo que se trata el auto-control.

Haga ciertos comportamientos un horario diario. Cuando haya elegido lo que es crítico para usted y los objetivos a los que debe superar, establezca un programa diario que le permita cumplirlos. Por ejemplo, si necesita comer sano o ponerse en forma; tome medidas para comer algunas porciones de alimentos cultivados del suelo todos los días y haga ejercicio por lo menos treinta minutos. Hágalo parte de su horario diario y parte de su estructura de auto-control. De la misma manera, elimine una parte de sus hábitos terribles e imprudentes, cualesquiera que sean. Puede ponerse de mal humor e impedir su auto-control. Un estado mental pobre también puede ser un hábito desafortunado.

Practique la disciplina. Descubra cómo desaprobar una parte de sus emociones, motivaciones y deseos. Entrene para hacer lo que sabe que es correcto, independientemente de si no quiere hacerlo. Omita el postre algunas noches. No mire demasiada televisión. Luche contra la tentación de gritarle a alguien que le ha molestado.

Detengase y piensa antes de actuar. Considere los resultados. Cuando practica la paciencia, se alienta a desarrollar el hábito de controlar diferentes cosas.

Participe diferentes juegos o ejercicios. Los deportes son un excelente método para mejorar el auto-control. Te entrenas para establecer objetivos, centrar sus energías psicológicas y emocionales, estar en buena forma física y convivir con los demás. Tener interés en los juegos da una circunstancia en la que descubre cómo abrocharse el cinturón y esforzarse por hacer un esfuerzo valiente, lo que le instruye a incorporar los puntos de vista y disciplinas equivalentes en su vida diaria.

Descubrir cómo tocar un instrumento melódico puede ser otro método extraordinario para ensayar el auto-control. El enfoque, la reiteración y la aplicación requerida para descubrir cómo tocar un instrumento es significativa. Lograr el auto-control en cualquier aspecto de su vida reinventa su cerebro para elegir lo correcto, en lugar de lo que es simple.

Obtenga motivación de aquellos que aprecia. Michael Jordan ha sostenido constantemente que su enormidad como jugador de béisbol se debe tanto a su disposición a ceder ante su arte como a su habilidad. Fue su anhelo por la disciplina y el enfoque lo que lo hizo extraordinario en comparación con otros jugadores de béisbol. Si funcionó para él, podría funcionar absolutamente para todos nosotros.

Imagine los premios. No hay nada más gratificante que lograr sus objetivos. Practique el sistema que usan los grandes triunfadores y los mejores competidores. Comprometase más tarde. Imagine su resultado ideal. Sienta cómo lo compensa y las incalculables ventajas que apreciará. Recuérdese a sí mismo las cosas que deben llegar.

Los Beneficios

Ayude a fabricar la seguridad en sí mismo.

Usted triunfe más y, en este sentido, será cada vez más lucrativo.

Puede mantener una mayor resistencia a la insatisfacción, los elementos disuasorios y los sentimientos negativos.

Le permite obtener un mejor bienestar, mejores fondos y una actitud decente y trabajadora.

Puede llegar a sus objetivos más difíciles de manera más productiva.

Cuanto más disciplinado se vuelva, más simple se volverá la vida.

Si queremos ser expertos en nuestra propia predeterminación, debemos crear auto-control y discreción. Al concentrarnos en los beneficios a largo plazo en lugar de los inconvenientes temporales, podemos instarnos a crear auto-control. Por fin, nuestro bienestar y satisfacción dependen de ello.

Fundamentos de la Autodisciplina

Compromiso

Es su grado de compromiso con lo que está haciendo lo que determinará su nivel de realización en ello. Desafortunadamente, muchas personas simplemente se detienen después de la parte del "deseo" y apenas toman el tormento para concentrarse en sus fantasías. Supuestamente, eso es lo que les impide ser fructíferos en cualquier tarea.

Deberíamos aclarar que no hay una ruta alternativa para progresar. La mejor manera de ser efectivo es tomar el camino largo y perseguir su interés con un cien por cien de devoción y promesa en ello.

No obstante, el camino hacia el progreso no es tan simple como parece ser. Necesita crear algunas responsabilidades para llegar allí y continuar con la vida que ha imaginado en sus sueños.

Intente no darle a sus tareas la oportunidad de dirigir su vida. A continuación se presentan las siete responsabilidades que uno debe hacerse a sí mismo en su interés por el progreso:

#1 Compromiso: Realizar una gran actividad regularmente

Ya que comprende lo que necesita buscar en la vida, es una oportunidad ideal para hacer un arreglo de actividades para ello. Independientemente de si sus objetivos son pequeños o enormes, debe apuntarse para realizar acciones gigantescas todos los días sin ningún motivo.

Empieze por configurar su mente para perseguir con emoción sus fantasías o lo que sea que le entusiasme en la vida. Puede comenzar haciendo un arreglo. A fin de cuentas, hay muchos instrumentos de arreglo para permitirle salir. Mientras crea su arreglo de actividades, asegúrese de rehacerlo de acuerdo a sus necesidades y cualidades.

Trate de no ser excesivamente tolerante o excesivamente anhelante por ellos. Sea tan razonable como podría esperarse bajo las circunstancias, de modo que sea impulsado lo suficiente como para hacer un esfuerzo monstruoso sobre ellos regularmente sin ninguna razón.

#2 Compromiso: Nunca de dé por vencido.

Por más "simple" que parezca, nunca rendirse es un mantra definitivo para progresar. A medida que avance por la vida, se derrumbará habitualmente. También puede cometer errores y fallar, y es completamente normal. Tal es la realidad y las cosas ocurrirán, pero nunca deje que esto obstaculice su espíritu de ninguna manera.

Recuerde que para tener éxito y convertirse en lo mejor de usted, debe tener mucha confianza en sí mismo. Esta alma inquebrantable le permitirá superar estas ocasiones extremas de manera efectiva. Pase lo que pase intente no rendirse nunca.

#3 Compromiso: Sea versátil y adáptese constantemente

La versatilidad y la energía para desarrollarse pueden llevarle a la meta en su vida. Es triste ver que las personas son excesivamente inflexibles en sus reflexiones y convicciones de que rechazan cualquier propuesta o nuevo enfoque que se les haya dado. Puede ser muy peligroso para su vocación y para la vida en general.

En las expresiones de Charles Darwin, "No es la especie más arraigada la que perdura, ni la más astuta. Es La más versátil para cambiar".

Aprenda todo lo que pueda de lo que necesite, ya que sería algo que nadie podría quitarle. Aprenda constantemente, ya que la mayoría de las veces hay más de un enfoque para hacer algo equivalente. En el momento en que elimine sus suposiciones y comprenda la versatilidad, las aberturas se presentarán en consecuencia de la manera más imprevista.

#4 Compromiso: No hacer cosas explotadoras o desvergonzadas

Hay dos formas diferentes de tener éxito: la manera fácil y la difícil. Ir por un camino simple significa hacer "lo que sea necesario" para llegar allí — haciendo trampa o con engaños. Significa tomar rutas fáciles, favores, hacer cosas deshonestas que entren en conflicto con la brújula ética. Actualmente, la dedicación no es hacer ninguna de las cosas mencionadas anteriormente.

Puede sentirse atraído por lograr algo sin escrúpulos y obtener resultados rápidos. Sin embargo, tales cosas siempre acompañan a un costo — que sin mucho esfuerzo puede arruinar todo en un abrir y cerrar de ojos. Tenga en cuenta que el viaje hacia el progreso pondrá a prueba su carácter junto con la devoción.

#5 Compromiso: Crea en sí mismo

Debe tener confianza en sí mismo antes de que otros comiencen a acumular acciones en usted. Sea lo que sea que desee lograr, asegúrese de tener confianza en ello y de sus capacidades para lograrlo.

El problema es que las personas, en general, pensarán poco en las capacidades que les impiden alcanzar su potencial real. Tome un diario y componga sus cualidades, singularidad, logros más destacados y logros en él y léalos para que cualquiera pueda escuchar cada mañana. Este pequeño sistema puede hacer maravillas para fortalecer su confianza en sí mismo.

Ordinariamente, veo un gran número de personas con un gran potencial, sin embargo, su poca confianza y ausencia de certeza les impiden progresar. Es básico reconocerse a sí mismo y poner en juego las capacidades para continuar con una mejor vida.

#6 Compromiso: Mantenga un equilibrio adecuado entre la vida laboral y la privada

¿Se da cuenta de que es lo más significativo en su vida? No es nada más que su bienestar. Su bienestar físico y psicológico tiene una influencia significativa en su vida, ya que todo depende legítimamente o indirecta de él.

Intente no gastarte demasiado en abrocharse el cinturón y empezar a ignorar su bienestar. Si ha trabajado con entusiasmo durante 40 horas seguidas, es un buen augurio para darle a su cuerpo el descanso que merece. Si se está tomando unos tragos al final de la semana, intente pasar, en todo caso, un par de horas con sus seres queridos y recargue sus baterías.

#7 Compromiso: Disposición a perder un poco de descanso y a decir NO

Los logros son regularmente para las personas que están contentas de tomar los pasos necesarios para ser efectivas. Tendría que trabajar duro y también podría desaprobar algunas cosas que no se alinean con sus objetivos.

Puede que le incite salir de compras o reunirse con sus compañeros al final de la semana, pero lo que tendrá que hacer un efecto real será eliminar su startup o componer su próximo blog. Si está tomando un oportunidad en su empleo particular durante el día, entonces la mejor manera de aprovechar su fantasía es perder algo de descanso.

Una cosa más, comienze a decir NO más regularmente. Puede tomar una gran fortaleza mental desaprobar a los compañeros, pero hacerlo hará que su vida sea más fructífera y más alegre que la de ellos.

Lo importante del deber es que significa permanecer fiel a lo que dijo que haría mucho después de que la disposición en la que lo dijo le haya dejado. En la actualidad, depende de usted que desee presentarse y hacer un seguimiento de las cosas o dejar que sucedan.

Optimización

Una promoción de bebidas con cafeína que se transmite actualmente pregunta: "¿Imagina un escenario en el que las personas tuvieran un símbolo de nivel de batería, como en su teléfono?" a medida que vemos un conjunto de personas vestidas para el lugar de trabajo, explorando una pasarela de la ciudad, cada una con su propio nivel de batería, la mayoría en verde, algunos en rojo y corriendo. "Nos vería a muchos de nosotros paseando", continúa la voz en off, "necesitando un reavivamiento". La bebida se exhibe como una especie de enlace de carga extremadamente rápida para el cuerpo.

El truco de la promoción juega no exclusivamente con el sueño de que nuestro poder de vida puede ser atrapado en una medida unidimensional directa y efectivamente supervisada, pero además del pensamiento más extenso y progresivamente engañoso de que las personas deberían tener una capacidad como los teléfonos. Los deseos que tenemos de nuestros dispositivos empapan nuestros deseos por otras personas (independientemente de si son compañeros, familiares, trabajadores administrativos o robots) y, por fin, nosotros mismos. Deberíamos estar en condiciones de lidiar con cualquier tarea para la que estamos enlistados, moviéndonos sin problemas comenzando con una interfaz y luego a la siguiente, comenzando con una aplicación y luego a la siguiente, durante el tiempo que sea necesario. Si no podemos, tenemos que "reavivarnos" a nosotros mismos: para localizar la combinación correcta de medicamentos o la rutina de ejercicios, o bien dedicarnos a nosotros mismos durante todo el tiempo que tengamos que volver al 100 por ciento. La posibilidad de que seamos algo además de independiente y vitalidad autónoma se suspende por un sueño de control instrumental.

Los sistemas y activos computarizados pueden proporcionar la disponibilidad — si alguien puede llegar a las reglas dietéticas, por ejemplo, cualquiera debería tener la opción de seguirlas. Esta idea errónea crea una acumulación ética: si alguien puede "hacerlo" — ser sensato y seductor, estar alerta y estar dispuesto a ganar por casualidad — Entonces no hacerlo es una falta ética. Podemos percibir la dolencia como un no-defecto, pero además rechazamos cualquier "decepción" para tratarla como lo indican las convenciones sociales.

El autodesarrollo se convierte en una especie de devoción: el trabajo privatizado de obligación moral como gran apertura. Esto sucede como garantía de eficacia, como el caso en "si no está mejorando su vida para ayudar a su trabajo (independientemente de si ese trabajo ayuda a alguien que no sea su gerente) usted es un peso muerto" — un canal sobre los activos materiales y entusiastas de otros individuos. Si el trabajo es la vida, en ese momento los objetivos de la competencia son también buenas metas. Esto predice una condición en la que el bienestar es vago en comparación con la eficiencia.

Esta semana, Rebecca O'Dwyer expone sobre la proliferación de aplicaciones de la templanza y cómo éstas funcionan para replantear la idea. Expulsado del entorno de la compulsión, la moderación es refundida como una práctica de bienestar, similar a la moda prevaleciente de comer menos comida chatarra, y la línea adquirida bajo la charla de auto-avance. Por este razonamiento, uno puede estar "tranquilo" incluso mientras consume medicamentos como la ayahuasca o el LSD para incrementar el potencial imaginativo, ya que la "moderación" se reformula como una condición de disponibilidad para el trabajo.

Lo que está en juego no está cerca del bienestar y la felicidad en el hogar, sin mencionar la prosperidad agregada, sino las solicitudes de rendimiento de los gerentes. Como dice Alex Beattie, "el desconectamiento redefine el autocuidado como el mantenimiento de un nivel estandarizado de rentabilidad, ya que la vida basada en Internet consume menos calorías y se completa como una simple costumbre de control e interés central". La "desintoxicación avanzada" no se sugiere en tal medida como un método de satisfacción o compromiso con la vida, sino como un procedimiento administrativo para mantener el interés central beneficioso. La difamación de la diversión funciona como una reivindicación para la co-optación comercial de la consideración.

Como se están destruyendo los apoyos sociales y las ocupaciones son raras y a menudo mal pagadas, parece que cualquier cosa que no sea el 100 por ciento enfocado en el trabajo en cualquier punto comienza a parecer peligroso. Liberarse es perder la ventaja crítica, que se combina progresivamente con una buena atención y una incapacidad física. Como menciona O'Dwyer, la distracción que algunos tienen con los detalles de su utilización tiene un aspecto supersticioso. El autocuidado fanático es simplemente la otra cara de la moneda: Ambos pueden dar a la alucinación de la autoridad sobre los actos vergonzosos de la vida y los tormentos inusuales, un sentimiento de organización — como si generalmente obtuviéramos lo que escogemos y lo que merecemos.

Convertirse en la adaptación sobrehumana de uno mismo a través de un régimen de alimentación, ejercicio, biohacking, aprendizaje, etc. y lograr la auto-mejora es un objetivo energizante. Al principio de su aventura hacia la auto-racionalización, puede muy bien atraer la necesidad de hacer muchos cambios con respecto a su salud, bienestar y hábitos de vida e intentar lograr más, por lo que comenzará a obtener resultados más rápido, sin embargo, este es posiblemente el método más rápido para progresar hacia la superación. .

¿Cómo se volverías sobrehumano y llegaría a la auto-mejora de verdad? Ciertamente, no termina siendo uno por un comportamiento adicto al trabajo o impulsándose a sí mismo excesivamente duro y al final consumiéndose.

Al tratar de convertirse en un yo definitivo, es fundamental lidiar con su bienestar emocional y permitirse la oportunidad de descansar y recuperarse, para que pueda desempeñarse de manera ideal y actuar como un superhumano cuando trabaja o hace ejercicio.

Puede estar excesivamente determinado y centrado en cambiar su bienestar, sin embargo, hacerlo puede dañar su bienestar al final. Hacer un intento decente para convertirse en un superhumano sólido podría ser lo que realmente terminará dañando su bienestar, básicamente como resultado del estrés excesivo y la inquietud. No existe un método decente para afirmar esto, sin embargo, el cortisol (la hormona de la presión primaria) es una perra.

Si intenta y hace todo espléndidamente, puede hacer que se estreses más y terminar obstaculizando su procedimiento y su avance. Puede presionar con fuerza durante unos catorce días, pero luego se desgasta y termina tomando siete días para descansar, ya que simplemente no tiene la vitalidad.

Una parte de las reacciones del cortisol elevado incluyen:

Acelerar el proceso de maduración separando el colágeno;

Dañar el marco seguro y obligarlo a terminar aniquilado;

Activa la creación de insulina, que puede causar la adición de grasa e incrementar el riesgo de diabetes;

Cambios en el estado mental (especialmente sentirse al límite, bajo o efectivamente agravado);

Hipertensión; y

Causa la generación de más testosterona en mujeres con trastorno de ovario poliquístico (PCOS).

Aquí hay un par de consejos sobre cómo puede, en cualquier caso, convertirse en la representación sobrehumana de usted, y mejorar su ejecución psicológica y física, y lograr la auto-racionalización sin peligro de su bienestar o sacrificar su solidez mental y psicológica:

Punto de Ruptura en el Consumo de Fuentes con Cafeína

Si puede lidiar con tomar un par de tazas de espresso diariamente sin inquietarse, está bien, sin embargo, si lo hace en exceso, puede hacer que termine inestable o nervioso. Cuando se sienta nervioso, en realidad no se sentirás como un superhumano ni actuará como tal.

La cafeína puede ayudar a mejorar la ejecución física y mental, y tres tazas de café espresso por día deberían brindarle lo suficiente para obtener las ventajas (es decir, si puede tolerar la cafeína). Algunas personas, similares a mí, son excesivamente delicadas con la cafeína y necesitan eliminarla en su mayor parte. La principal cafeína que consumo es la que preparo en mi día a día de chocolate con cacao.

Aspire su Camino para Convertirse en un Superhumano

Si comienza a sentirse abrumado por su trabajo o la mayoría de los objetivos que se ha establecido, intente realizar algunas actividades de respiración. Le permitirán tranquilizarse y permanecer centrado. Esto ayudará a disminuir la sobrepotencia.

Puede comenzar simplemente mirando a través de su ojo para olvidarse de sus problemas. Haga esto por un par de minutos y perciba cómo se siente. Para empezar, puede poner su melodía principal e inhalar profundamente.

Reflexione Sobre su Camino Hacia la Auto-optimización

Esto lleva todo el asunto de la respiración al siguiente nivel. Al reflexionar, puede disminuir la inquietud, permanecer concentrado y tranquilo en su compromiso superhumano y de superación personal, y recibir las recompensas que tiene para su bienestar y cerebro. Estos incorporan niveles reducidos de cortisol, lo que ayudará al infortunio de grasa y disminuirá la turbidez mental, al igual que obstaculizar su crecimiento.

Simplemente reflexionar durante diez minutos diarios es suficiente para que comience a encontrar las ventajas de la contemplación para el progreso personal.

Las Emociones

¿Alguna vez ha dicho algo por resentimiento que luego lamento? ¿Deja que el temor le convenza de no salir en una extremidad que realmente podría beneficiarle? Si es así, no eres el único.

Los sentimientos son asombrosos. Su estado mental decide cómo coopera con las personas, cuánto dinero gasta, cómo maneja las dificultades y cómo invierte su energía.

Manejar sus sentimientos le permitirá estar racionalmente más arraigado. Afortunadamente, cualquiera puede ser mejor manejando sus sentimientos. Al igual que otras habilidades, manejar sus sentimientos requiere práctica y devoción.

Experimente emociones incómodas pero no se quede atrapado en ellas

Lidiar con sus sentimientos no es equivalente a sofocarlos. Ignorar sus problemas o imaginar que no sients tormento no hará que esos sentimientos se vayan.

En realidad, las heridas emocionales sin tratar probablemente se deteriorarán después de algún tiempo. Además, hay un tiro decente que sofoca sus sentimientos y le harán desarrollar habilidades de adaptación indeseables – como la mala alimentación o el licor.

Es esencial reconocer sus sentimientos y al mismo tiempo percibir que sus sentimientos no necesitan controlarle a usted. Si se despierta en un lado inapropiado de la cama, puede asumir la responsabilidad de su estado mental y cambiar su día. Si está furioso, puede tranquilizarse.

Aquí hay tres formas diferentes de lidiar con su estado mental:

1. Replantee sus Pensamientos

Sus sentimientos influyen en la forma en que ve las ocasiones. Si se siente inquieto y recibe un correo electrónico del supervisor que dice que necesita verlo de inmediato, puede aceptar que lo despedirán. Si, en cualquier caso, se sientes contento cuando reciba ese correo electrónico equivalente, su primera idea puede ser que recibirá un ascenso o lo elojien por un trabajo muy bien hecho.

Considere el canal apasionado por el que está echando un vistazo al mundo. En ese momento, reformule sus consideraciones para construir una visión progresivamente práctica.

Si descubre que está pensando: "Esta ocasión de administración de sistemas será un ejercicio completo de inutilidad. Nadie va a conversar conmigo y voy a parecer un imbécil", recuérdese a sí mismo: "Depende de mí sacar algo de la ocasión. Me familiarizaré con nuevas personas y mostraré entusiasmo por conocerlas".

A veces, el método más simple para mejorar un punto de vista diferente es retroceder y preguntarse: "¿Qué podría decirle a un compañero que tuvo este problema?" Responder esa pregunta eliminará una parte del sentimiento de la condición para que pueda pensar con mayor normalidad.

Si termina pensando en cosas negativas, es posible que necesite cambiar el desvío en su mente. Una acción física rápida, como salir a caminar o despejar su área de trabajo, puede permitirle dejar de reflexionar.

2. Nombre sus Emociones

Antes de que pueda cambiar su forma de pensar, debe reconocer lo que está enfrentando en ese momento. ¿Es seguro decir que está ansioso? ¿Se siente desilusionado? ¿Es seguro decir que es una persona infelíz?

Recuerde que la indignación aquí y allá cubre los sentimientos que están indefensos - como la desgracia o la humillación. Por lo tanto, considere detenidamente lo que realmente sucede dentro de usted.

Ponga un nombre a sus sentimientos. Recuerde que puede sentir una gran cantidad de sentimientos sin demora - como inquieto, decepcionado y ansioso.

Marcar cómo se siente puede eliminar gran parte de la sensación. También puede ayudarlo a tomar nota con precaución de cómo esos sentimientos probablemente influyen en sus desiciones.

3. Participe en un Mood Booster

Cuando te sientas mal, probablemente participarás en ejercicios que te mantengan en esa perspectiva. Desprenderse de uno mismo, mirar irreflexivamente a través del teléfono, o quejarse de las personas a su alrededor son sólo un par de los ordinarios "comportamientos de estado mental terrible" que puede disfrutar.

En cualquier caso, esas cosas le mantendrán atascado. Necesita hacer un esfuerzo físico positivo si necesita sentirse mucho mejor.

Piense en las cosas que haces cuando se siente alegre. Haga esas cosas cuando se sienta mal y comenzará a sentirse mejor.

Aquí hay un par de ejemplos de patrocinadores del estado mental:

- Llame a un compañero para discutir algo encantador (no para seguir quejándose).
- Dé un paseo.
- Reflexione por un par de minutos.

- Sintonice música relajante.

Continúe Practicando sus Habilidades de Regulación Emocional

Lidiar con sus sentimientos es intenso de vez en cuando. Es más, probablemente habrá un sentimiento específico - como resentimiento - que ocasionalmente lo engañará.

Sea como fuere, cuanto más tiempo y consideración le dedique a controlar sus sentimientos, más racional se volverá. Obtendrá confianza en su capacidad para lidiar con la inquietud y al mismo tiempo se dará cuenta de que puede conformarse con decisiones acertadas que cambien su estado de ánimo.

Los sentimientos son el poder más presente, exprimidor y en algunos casos insoportable en nuestras vidas. Nos guiamos paso a paso por nuestros sentimientos. Asumimos riesgos ya que estamos energizados para nuevas perspectivas. Lloramos porque hemos sido dañados y hacemos sacrificios desde que nos valoramos. Sin duda, nuestros sentimientos manejan nuestras reflexiones, expectativas y actividades con mayor autoridad que nuestras equilibradas personalidades. En cualquier caso, cuando damos seguimiento a nuestros sentimientos demasiado rápido, o damos seguimiento a un tipo de sentimiento inapropiado, regularmente nos conformamos con elecciones de las que luego nos arrepentimos.

Nuestras emociones pueden modificar límites peligrosos. Si se desvís excesivamente hacia un lado, estará al borde de la ira. Si se aparta mucho de un lado, se encontrará en una condición de felicidad. Del mismo modo, como en muchos momentos de la vida, los sentimientos se encuentran mejor con un sentimiento de equilibrio y un punto de vista coherente. No es necesariamente el caso de que debamos evitar experimentar sentimientos apasionados o saltar de euforia después de noticias extraordinarias. Estas realmente son las mejores cosas en la vida. Son los sentimientos negativos los que deben tratarse con una consideración escandalosa.

Los sentimientos negativos, similares a la ira, los celos o la rudeza, en general se volverán salvajes, particularmente después de que se hayan activado. Con el tiempo, este tipo de sentimientos pueden desarrollarse como malas hierbas, moldeando gradualmente el cerebro para trabajar en sentimientos inconvenientes y gobernando la vida cotidiana. ¿Alguna vez conoció a un individuo que es confiablemente iracundo o hostil? No fueron traídos al mundo de esa manera. En cualquier caso, permitieron que ciertos sentimientos se mezclaran dentro de ellos durante tanto tiempo que terminaron surgiendo sentimientos innatos de vez en cuando.

Ejercicios para Mejorar su Autodisciplina

¿Cuáles son algunas de las grandes actividades diarias para ensayar el auto-control?

1. Duchese Cada Mañana

Las duchas frías apestan. Conducir para perseverar a través del impacto helado de una lluvia de virus antes de cualquier otra cosa requiere disciplina y un alto grado agonía.

Son difíciles, son horribles y no están contentos independientemente de si es solo por 30 segundos. Comience su fin de semana de tres días limitándose a perseverar a través de una presión intensa y conquistar el ansia de una simple cálida y ducha. Sera dificil. En cualquier caso, finalizará los encargos como ningún otro.

2. Reflexione Durante 10 Minutos cada Día

La reflexión puede parecer un método extraño para construir disciplina. A fin de cuentas, simplemente necesita sentarse en su trasero y no considerar nada, ¿no es así? Considerando todo, no realmente. La reflexión espera que aprenda sus reflexiones. Para despejar su cerebro, enfoque su cuerpo y vuelva a conectarse con su respiración.

La reflexión le hace salir del desastre psicológico y le permite reconectarse consigo mismo. Además, es más difícil de lo que sospecha. Sentarse y meditar solo su respiración requiere un control gigantesco y enfoque centrado. Si está contento de intentarlo durante 30 días, desarrollará su control y autodisciplina de manera asombrosa.

3. Comience su Día con 100 Flexiones o una carrera de 1 milla

100 flexiones deberían llevarle 5 minutos. Una carrera de una milla toma alrededor de 10 minutos. Sea como fuere, son activos increíbles para la disciplina de la estructura. Al comenzar el día con algún tipo de actividad física, comenzará su prosperidad durante el día y se fortalecerá para lograr algo incómodo y difícil antes que nada.

Haga esto antes de su ducha fría de la mañana y habrá realizado más tareas antes de las 8 a.m. que la gran mayoría lo hace TODO el día.

4. Prepare su Cama

Preparar su cama le llevará 5 minutos. Sin embargo, es un pequeño movimiento que requiere disciplina a la luz del hecho de que no hay una motivación genuina para hacerlo. Ciertamente, le permite lograr un recado antes de comenzar su fin de semana de tres días.

Sea como fuere, el hecho de que preparar la cama no aumentará su salario, lo hará progresivamente beneficioso o aumentará su vida sexual. Es una actividad definitiva sin sentido. Sea como fuere, debe hacerlo en cualquier caso. Preparar su cama antes que nada lo coloca rápidamente en un estado de aprendizaje y equilibrio cuando comienza su día.

También es una inspiración asombrosa para permanecer despierto en lugar de deslizarse en las sábanas calientes.

5. Prescinda de las Distracciones

Las distracciones asesinan la disciplina. Si necesita estar cada vez más enfocado durante el día, elimine todas las distracciones. El humor mata su teléfono, introduzca un bloqueador de canales de noticias de Facebook, apague las notificaciones en su PC y destaque solo el trabajo que hay que hacer.

Esto le permitirá estar progresivamente comprometido y lucrativo y requerirá enormes medidas de disciplina diaria. Mantenerse alejado de las notificaciones de vida y los mensajes y publicaciones en Internet que provocan dopamina no es simple, sin embargo, está bien justificado, a pesar de todos los problemas.

6. Deje de Quejarse

Las quejas se asemejan a un crecimiento maligno en su espíritu. Tiene mucho que agradecer. Sin embargo, cada vez que se queja, se revela a usted mismo que su vida apesta y que las cosas no son de la manera en que deberían ser (a pesar de que son favorables).

Así que deje de quejarse.

Se asemeja a una toxina. Le ocupa de lo que es grandioso y le hace centrarse en todo lo que no está bien. Hace que otras personas como usted sean menos, deja pasar oportunidades y lo desvía de continuar con una vida normal.

Compre una banda elástica y colóquela en su muñeca correcta. Si termina quejándose durante el día, mueva la banda a la otra muñeca. Es probable que pase 30 días con esa banda elástica restante en su mano correcta. Si puede hacer esto, su control, satisfacción e inspiración se elevarán.

Autocontrol y Fuerza de Voluntad - Su Fuerza Interior

Estas dos habilidades son las proveedoras de calidad interior. Pueden permitirle transformarse y cambiar sus hábitos. Son las habilidades más útiles para todos, en cada problema diario y para cualquier edad.

El autocontrol y la determinación vigorizan lo interno para actuar, hacer las cosas y continuar con sus actividades, sin importar las dificultades e impedimentos.

El manual total para la determinación y el autocontrol.

Estas dos habilidades son las proveedoras de calidad interior. Pueden permitirle transformarse y cambiar sus hábitos. Son las habilidades más útiles para todos, en cada problema diario y para cualquier edad.

El autocontrol y la determinación vigorizan lo interno para actuar, hacer las cosas y continuar con sus actividades, sin importar las dificultades e impedimentos.

El manual total para la determinación y el autocontrol.

Hágase las preguntas que están presentes a continuación:

¿Con qué frecuencia ha intentado cambiar sus patrones dietéticos, dejar de fumar o levantarse antes que el día comience, pero no ha tenido suficiente calidad e ingenio interno?

¿Alguna vez siente que le falta la solidaridad interna para realizar una acción, una demostración decisiva o avanzar?

¿Con qué frecuencia ha elegido dar un paseo, dándose cuenta de lo brillante que se siente un tiempo después, sin embargo, debido al letargo o la ausencia de calidad interna, se quedo en casa y miró la televisión?

¿Comienza a hacer las cosas, sin embargo, deja de hacerlas después de un breve tiempo?

¿Hay algún hábito que deba cambiar, sin embargo, siente que le falta la solidaridad interna fundamental para cambiar?

Puede cambiar este comportamiento cuando refuerza su autocontrol y determinación. Todo lo que necesita es un poco de preparación, dirección y acesoramiento.

Después de crear y reforzar su determinación y crear autocontrol, tendrá la opción de elegir sus respuestas y vencer los hábitos negativos. Estas dos habilidades le harán sentir más dominante, seguro y responsable de sí mismo y de su vida.

Hay una interpretación errónea en la personalidad abierta con respecto a las dos aptitudes que estamos discutiendo aquí. Se acepta incorrectamente que su avance requiera una tonelada de tensión y esfuerzo mental y físico. Esto no es valido. Puede desarrollar estas habilidades a través de actividades básicas e incluso apreciar el procedimiento.

Desarrollar Fuerza de Voluntad y Autodisciplina

Empiece a Construir su fuerza de voluntad y autodisciplina

Dirección y actividades para estructurar la determinación y el autocontrol, conquistando el deslumbramiento y la lentitud, recogiendo la firmeza y la incansabilidad, y asumiendo la responsabilidad de su vida.

Desarrolle su Fuerza de Voluntad y Autodisciplina

Se dice que las personas con una discreción más prominente están más alegres que las personas que no tienen esta capacidad. Las personas autodidactas también tienen una calidad interna, lo que hace que negocien con mayor eficacia y ciertamente con problemas y disuasivos.

En el momento en que estas dos aptitudes están bien desarrolladas, hay más control, más poder y más confianza, y uno respalda sus elecciones. Esto implica mejores probabilidades de lograr lo que uno se proponga a hacer.

Las personas con autocontrol suelen tener más determinación que otras y no permiten que sus decisiones sean dirigidas por motivaciones o emociones y por lo que otras personas afirmen o hagan.

Conclusión

Gracias por llegar hasta el final de *Aprenda los Hábitos de las Personas Altamente Efectivas y Cómo Aumentar la Autodisciplina*, espereamos que le haya sido informativo y capaz de proporcionarle todas las herramientas que necesita para lograr sus objetivos, sean cuales sean.

El siguiente paso es gustar de nosotros en las redes sociales y poner en práctica lo que aprendió aquí.

Finalmente, si encuentra este libro útil de alguna manera, ¡siempre se agradece una crítica honesta!

www.ingramcontent.com/pod-product-compliance
Lightning Source LLC
Chambersburg PA
CBHW070926080526
44589CB00013B/1436